Blütenblätter im Wind

Gertraud Paul

Blütenblätter im Wind

Bibliografische Information der Deutschen Nationalbibliothek:
Die Deutsche Nationalbibliothek verzeichnet diese Publikation in der
Deutschen Nationalbibliografie; detaillierte bibliografische Daten sind
im Internet über dnb.dnb.de abrufbar.

© 2024 Gertraud Paul
Verlag: BoD · Books on Demand GmbH, In de Tarpen 42, 22848 Norderstedt
Druck: Libri Plureos GmbH, Friedensallee 273, 22763 Hamburg
Satz & Umschlaggestaltung: BoD

ISBN: 978-3-7693-6088-2

Inhalt

Vorwort

Auf der abenteuerlichen Reise durch mein über achtzigjähriges Leben wurde ich wie in einem Boot auf und ab geschaukelt. Gewiss wäre ich in den Stürmen über Bord gegangen, hätte ich nicht immer wieder Haltegriffe gefunden, an denen ich zur Besinnung kommen konnte. Es half mir zu ergründen: »Wer bin ich und wohin will ich wirklich?« Viele nützliche, aber auch irreführende Wegweiser habe ich angetroffen und bin ihnen gefolgt. Manchmal hieß es: »Umkehren – nächster Versuch.« Manchmal war die richtige Richtung bereits deutlich genug bezeichnet. Dabei war mir ein schützender und sehr weiser Ratgeber mein eigenes Kinder-Ich. Es flüsterte mir so viele Ideen, Pläne und Freude an Schönem ein, dass ich immer »über Wasser« bleiben konnte. Ich liebe das Leben, das sich ständig erneuert. Unzählige Erinnerungsbilder haben mir seine Abenteuerlichkeit und seine Schönheit eingeprägt.

Als Mutter von vier Kindern, als Oma von Enkelinnen, als Lehrerin der Mittelstufe habe ich die liebsten und besten Gefährten erlebt, die ich mir vorstellen kann. Ihnen widme ich den 1. Teil dieses Buches. Wie Schönheit und Kunst mich aufrichten können, versuche ich in Teil 2 anzudeuten.

Aus diesem inneren Erlebnisbilderbuch möchte ich euch ein paar Blitzlichter vorstellen. Vielleicht machen sie auch euch Hoffnung, ja sogar Freude!

Dr. phil. Gertraud Paul

Teil 1

Magie der Kindheit

Aber auch Papas sind nicht immer Engel

... **j** edenfalls, wenn man es mit den Augen der Kinder ansieht.
Auch hier gibt es die harmlosen, aber unter Umständen für Kinder
sehr lästigen Quälereien, wenn Papas – bisweilen sogar Mamas – ihre Lieblinge zur Mithilfe antreiben wollen. Ich sage »antreiben«, denn darauf lief es
ja immer hinaus, wenn eine freundliche elterliche Bitte eine eindeutige Abfuhr erlitt. Dann hörte man wohl Wortfetzen wie »Schon wieder!«, »Schon
wieder ich!«, »Muss das sein?«, »Ich hab noch Hausaufgaben« (obwohl sich
besonders die Buben darum absolut nicht rissen) und so weiter. Als Draufgabe gab es ein mürrisches oder zorniges Gesicht. Das war's dann wohl?
Nicht bei unserem Papa.

Mit Verachtung und Murren wurde Holz aufgesammelt, das Gras gerecht,
wurden herumliegende Sachen entfernt oder geordnet, womöglich eine Besorgung gemacht et cetera. Das waren aber eben ganz harmlose Aufgaben,
die allerdings die Gewohnheiten der Kinder sehr »störten«.

Doch einmal musste man wirklich die Partei der Kinder ergreifen. Auf
einer Urlaubsreise mussten wir unterwegs in New York übernachten. Das
Zimmer im YMCA reichte nur für vier Personen. Da kam Papa auf die blendende Idee, dass die Buben im Auto im Park zu übernachten hätten, die
Mädchen durften im Zimmer bleiben. Das wäre billiger. Da Papas auch stur
sein können, war ihm das nicht durch Bitten und Argumentieren auszutreiben. Diese Nacht verbrachten die Armen also im Park im Auto.

So dachten wir uns das auch, aber Jahrzehnte danach erfuhr ich, dass die
beiden sich eine Überlebensstrategie ausgedacht hatten. Sie schliefen nicht
im Auto, sondern wanderten herum. Denn so konnten sie ihrer Meinung
nach einem Angreifer davonlaufen. Gott sei Dank ist keiner gekommen.
Wenn ich heute daran denke, hätte ich es doch auf einen Ehekrach ankommen lassen sollen. Man muss sich das vorstellen: der riesige Central
Park, überall Dunkelheit, große Bäume und von diesen blitzten die Augen
der Racoons, der Waschbären, herunter. Weil es so viele waren, sah es sehr
bedrohlich aus, als wollten sie einen Angriff starten.

Ja, manchmal machen wir – leider – es unseren Kindern auch nicht leicht. Dabei habe ich noch überhaupt nicht das Kapitel angesprochen, dass wir sie nicht nur seelisch, sondern auch geistig mit unserer Leistungsverliebtheit manchmal unter Druck setzen können.

Aber wir lieben euch, bitte glaubt uns das, auch wenn wir fehlerhafte Eltern sind!

Bretter, die die Welt bedeuten

Die Winter von 1946 bis 1950 waren kalt und schneereich. In unserer Nähe gab es den Gaisberg mit seinen vielen Hängen und Wiesen. Es bot sich von selbst an, dass wir uns den untersten Hügel als unser Skigebiet aussuchten. Wir nannten ihn nach dem nahegelegenen Bauern »Kastnerhügel«. Er hatte ein steiles oberes Stück und endete dann flach vor einem Weg, dessen andere Seite ein Zaun begrenzte. Neben diesem Hügel gab es eine ausgedehnte Wiese. Sie wurde von unserer Mutter ausgewählt, um unsere ersten »Ski-Versuche« zu machen. Wir rutschten zum Einüben gehorsam auf unseren »Skiern« in der Ebene hin und her, sie ging frierend daneben auf und ab. Es dauerte aber nicht lange, dann stellten wir die ersten Versuche auf unseren Brettern bergab an, zuerst sehr vorsichtig, dann immer gekonnter, bis wir den gesamten Kastnerhügel bergab fahren konnten. Wir schauten uns von den anderen den »Christl« ab, den Schwung zum Stehenbleiben, und wie man um die Kurven kommt (Kurvenschwung) – alles noch in der alten Skifahrtechnik.

Bretter waren unsere Skier allerdings wirklich: gerade und nicht verleimt, relativ lang, mit Riemchenbindung – für mich immer ein Albtraum, dass ich mich fest genug darin fühlte – und Schuhen, die anfangs »Bergschuhe« waren, das heißt, noch Nägel an den Sohlen hatten. Die Anoraks waren nicht gefüttert. Alle Wärme kam von den handgestrickten Pullovern, Hauben und Fäustlingen. Mein Mann machte seine ersten Skiversuche sogar mit den langen Brettern seines erwachsenen Schwagers. Die Mängel der Ausrüstung wurden durch unseren Eifer und unsere Begeisterung wettgemacht, mit der wir uns »ins Zeug« legten. Manchmal waren meine Brüder so schnell, dass sie unten vor einem Zaun nur mehr die »Textilbremse« einsetzen konnten, also sich auf den Hosenboden fallen ließen, um Ärgeres zu vermeiden. Der Kastnerhügel hatte noch eine Besonderheit: Am Ende des steilen Stückes bauten die Buben eine kleine Sprungschanze. So viel ich auch raunzte, dass sie das sein lassen sollten, ohne die ging es keinen Winter. Und ich fuhr standhaft um sie herum!

Später dann stiegen wir zu Fuß zur Zistelalpe auf und genossen bis weit ins Frühjahr hinein die Abfahrt dort. Als wir in der Oberstufe des Gymnasiums waren, ging es dann mit dem Fahrrad zum Untersberg, wo wir mit den Skiern zwischen den Latschen hindurch abfuhren. Im Frühjahr hörten wir erst mit dem »Skisport« auf, wenn wir statt im Schnee im »Gatsch« landeten. Erst als ich sechzehn war, nahm uns unsere Mutter nach Bad Gastein mit. Dort hatten wir sogar wenige Stunden bei einem Skilehrer und lernten die »Arlbergtechnik«. Mit unserer »Gaisberg-Erfahrung« kamen wir in Gastein sofort sicher alle steilen Hänge hinunter. Heute ist diese einfache Art, Skifahren zu lernen, für mich eine Erinnerung an die ungebrochene Neugierde, die Unternehmungslust und das Durchhaltevermögen von Kindern – eine Eigenschaft, die mir heute fast magisch erscheint.

Und so gut ausgerüstet wie im Bild beginnen heute die Kleinen zum Beispiel in Obertauern, sich unter Anleitung von Skilehrern auf Skiern fortzubewegen. Wenn das nicht der Anfang einer richtigen Karriere ist!

Der erste Schnee

Wann hat es so viel geschneit?
Für Spaß im Schnee ist nun die Zeit.
So denkt der kleine Mann
und macht sich gleich an Mama dran ...
Ob die auch will?

Der fahrbare »Unterbau«

1. Das Problem

Das wäre doch zum Lachen,
wie kann man einen Ausflug machen
und wie in alten Zeiten
tapfer neben Opa schreiten,
einfach nur zu Fuß,
das wird wohl jeder wissen,
dass das schiefgehen muss!
Denn mit der Zeit fühlt es sich an,
als hing an mir ein schwerer Mann.
Ich komme nicht mehr weiter
und weiß nicht aus noch ein.
Das wird ja nicht die Absicht sein.
Und überhaupt, schaut auf die Großen,
die zeigen ihre Autos her,
warum soll nicht auch ich eins haben,
bitte sehr!

2. Die Lösungen gestern und heute

Zuerst kam der Kinderwagen –
in ihm liegen, auf ihm sitzen,
bald darauf im Laufschritt schwitzen,
wenn darin der zweite Kleine
dir den Platz wegnimmt.
Ihr wisst genau, was ich meine
und dass da wirklich was nicht stimmt.

Nun ist es höchste Zeit,
dass ein Dreirad steht bereit,
und meinetwegen später dann
fang ich mit dem Roller an.

Aber liebe Leut' –
das war einmal,
das ist ganz anders heut'!
Kinderräder ohne Zahl,
für die Kleinen zum Laufen,
für die Größern zum Treten,
tummeln sich auf unsren Wegen
ihrem Ziel entgegen.
Und jeder fest behelmte kleine Fahrer
denkt schon insgeheim:
»Wann nenn' ich denn ein Auto mein?«

Auf geht's!

Der kleine Pinguin

Etwas unsicher, aber ganz aufmerksam und neugierig guckt der kleine Pinguin auf seine Bewunderer. Alle wollen ein Foto von ihr. Da vergisst sie vor Anstrengung sogar das Lächeln, was sonst immer ihr Markenzeichen ist. Kaum ein Jahr ist sie alt und bereits ein Blickfang des Mödlinger Faschings. Mit dem Namen Apollonia verrät sie den Beruf ihrer Mutter, ist er doch der Name des griechischen Gottes Apoll für Licht und Künste. In unseren Breiten braucht die Kleine aber einen wienerisch klingenden Rufnamen. »Polni« oder »Polli« wird sie wohl dann heißen.

Mag sein, dass in ihrem Namen ein heimlicher Wunsch ihrer Eltern steckt, aber »verdienen« muss sie sich ihn ja ohnehin selbst. Dass sie das tun wird, zeigt sie schon jetzt mit ihrem fröhlichen Lächeln, ihrem lebhaften Temperament und ihrer herzhaften Weise, wie sie den Nachhall im Stiegenhaus entdeckt und ausprobiert hat.

Wir freuen uns sehr, dass sie unser Haus zusammen mit anderen »Winzlingen« wieder belebt.

Es war düster und etwas traurig, als nach und nach vier Menschen im Hause gestorben und andere ins Heim gezogen sind. Fast wären wir schon ein Altenasyl geworden. Aber nun ist Leben zurückgekehrt. Im Haus hört man es wieder plappern, bisweilen auch weinen. Das Leben hat sich durchgesetzt. Wie schön, dass es Kinder gibt! Sie lenken auch unseren Blick nach vorne und bewahren uns vor einschläfernder Nostalgie.

Die kleine Philosophin

Heute erzähle ich euch ein Erlebnis aus meiner Kindheit, das mir so präsent geblieben ist, als wäre es gestern geschehen.

Als »Nazikind« wurde ich schon ab der 1. Klasse der Volksschule gemobbt. Begonnen hat damit mein Lehrer, der allein von der Vorgeschichte wusste. Ich konnte mir nicht erklären, warum er unter den damals fünfzig (!) Schülern immer auf mich losging. Ich war doch »brav«. Jedenfalls aber lernte ich nun, die ich bisher nur im Garten daheim spielen durfte, dass es Menschen gibt, die mich nicht mögen. Ich war ohnehin schon etwas traurig, weil ich damals nie mit anderen Kindern hatte spielen dürfen. Im Radio, das für meinen Großvater in der Küche, dem einzig warmen Raum im Haus, ständig Meldungen brachte, hörte ich die Suchmeldungen des Roten Kreuzes angestrengt mit. Würde nicht doch einmal der Name meines Vaters erwähnt? Ich vermisste ihn und wusste nicht, ob er noch lebte, nachdem ich früher auch die Meldungen über den Krieg im Radio lautstark »eingehämmert« bekommen hatte. So lernte ich relativ früh, dass es in meinem Leben einen gehörigen »Gegenwind« gab. Was tun? In unserer Familie war Schweigen und Verschweigen das Hilfsmittel zum Überleben. Also hatte ich keine Chance, über meinen Kummer zu sprechen. Das gelang mir erst mit dem Kaplan, den wir in der 3. Klasse als Religionslehrer bekamen.

Also was tun? Ich lenkte schon damals meine Hoffnung auf die Verheißungen der Bibel. Obwohl diese uns im Religionsunterricht förmlich »eingetrichtert« wurden, fielen sie bei mir auf fruchtbaren Boden. Ich erlebte mit großem Mitgefühl den Leidensweg Jesu mit. Meine eigene Situation war ja noch viel besser als die von Jesus. Aber ich verstand intuitiv, dass Er uns mit seinem Leiden zeigen wollte, dass das Leben nicht schmerzfrei ist, aber dass wir ein Ziel haben, das uns alle Hoffnung auf Befreiung gibt. Ich dachte auch viel über das Verhalten meiner Lieben und das der Menschen um mich herum nach. Waren sie gut oder böse, verhielt ich mich gut oder böse? Es ist kein Wunder, dass es mich dann zum Beispiel sehr störte, als wir nach der Feier der Erstkommunion die traditionelle Jause hatten. Da gab es Tratschen und Heiterkeit. Ein gutes Essen und ein schönes Kleid waren damals ja noch eine Besonderheit. So fühlten sich alle lustig und entspannt. Da wurde ich wieder traurig. Für mich war die Begegnung mit Jesus in der Eucharistie Wirklichkeit. Ich war noch ganz erfüllt davon. Alles, was ich bei der Jause erlebte, war für mich oberflächlich und eher störend. Ich fühlte mich wieder als Außenseiterin, aber dieses Mal machte es mir nicht so viel aus. Ich hatte ja Jesus als Freund gefunden.

Das Erlebnis war so stark, dass es mich durch das ganze Leben begleitete. Es war stärker als alle intellektuellen späteren Zweifel oder der Abscheu, den ich bei manchen Vorfällen in Gegenwart und Geschichte der Kirche erlebte.

Wir leben in einer Welt, in der es Gut und Böse gibt, Freude und Schmerz, Glück und Entbehrung, Schuld und Sühne. Wir müssen selbst darin unseren Weg und unsere Bestimmung finden. Das hat mich mein »inneres Kind« nicht vergessen lassen.

Es ist kein Wunder, dass ich mich lebenslang für Philosophie interessierte. Die Frage nach der Wahrheit ließ mich nicht mehr los. Kein Wunder, dass mich ein Professor bei meinem Philosophikum noch überreden wollte, nochmals reine Philosophie zu studieren.

Dreikönig

S o schnell ist Weihnachten jedes Jahr vorüber. Doch am Ende gibt es noch eine freundliche Begegnung mit den als die Heiligen Drei Könige verkleideten Kindern. Seit siebzig Jahren ziehen sie nun schon bei Sonnenschein, Regen oder Schneetreiben am 6. Januar durch unsere Orte und sammeln Geld für bedürftige Kinder in Übersee. Meine Familie durfte sogar den Erfolg dieser Aktion erleben. Auf unserer Reise nach Chile wurde uns freudig mitgeteilt, dass man dort Geld von der Dreikönigsaktion aus Österreich erhalten habe. Das machte uns stolz.

Heute wurden im Gottesdienst alle vorgestellt, die gestern stundenlang durch den Regen wanderten und so den Menschen dienten. Als Erleichterung gab es natürlich ein gemeinsames Mittagessen. Alle Altersstufen waren dabei vertreten. In unserer Pfarrei haben die Kinder trotz des schlechten Wetters über 16.000 € gesammelt.

Leider gab es diesen Brauch in meiner Kindheit noch nicht. Aber ich kann mir gut vorstellen, dass ein solcher gemeinsamer Weg für Kinder ein Erlebnis ist, das sie nicht so leicht vergessen werden.

Bild aus dem Flyer der Dreikönigsaktion 2024

Ein Missgeschick mit der Puppe

Schau, der schöne rote Stift,
den schnapp' ich mir
und mache meine Puppe fein,
sie soll so schön wie Mama sein.
Besser ist's, ich mache das in Ruh',
drum schließ ich leis die Türe zu.
Aber dann –
dann geht das Unglück erst so richtig an!
Mama kommt herein und schreit:
»Was hast du da gemacht?
Das geht nun doch zu weit,
was hast du dir dabei gedacht?«
Ich verstehe sie noch immer nicht,
aber dicke Tränen rinnen über mein Gesicht
und ich frage kleinlaut an:
»Was hab ich denn getan?«
Sie hält mir meine Puppe vors Gesicht:
»Nein, meine Kleine,
so geht das nicht!
Du hast deine Puppe rot beschmiert
und nun ist sie ruiniert!«

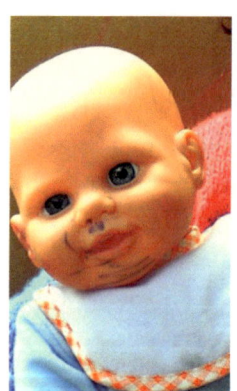

Warum lässt sich eine Puppe nicht waschen? Ich habe es dann probiert, recht fest aufgedrückt und beinahe ihre Augen eingedrückt.

Bei dieser Puppe hat es ein wenig geholfen.

Anmerkung: Dieses herzbewegende Erlebnis hatte ich sowohl als Mutter als auch als Großmutter. Am Ende hatte ich ein Häufchen Elend in meinen Armen. Aber die Puppe haben die Kleinen weiterhin geliebt.

Ein ungewöhnliches Geschenk

S ie ist 1¼ Jahre alt und voller Temperament. Sie läuft für ihre Be-
griffe wie ein Wiesel, sie lacht und
schon von weitem begrüßt sie uns.
Im Gegensatz zu den anderen Klein-
kindern im Haus merkte sie sich sofort unsere beiden Gesichter. Meinen weißhaarigen Mann nennt sie
in ihrer »Sprache« Opa. Die beiden
verstehen sich blendend. Deshalb
bekam dieser liebe Opa auch ein besonderes Geschenk.

Das ging so vor sich: Mitten im
»Gespräch« drehte sie sich um und
lief zur Wiese. Sie machte sich noch
kleiner, als sie war, und inspizierte den Rand der Wiese. Was sie sah, gefiel
ihr. Sie hob etwas unendlich Kleines auf. Ich konnte nicht sofort sehen, ob
es ein Steinchen war oder ein Stück Grashalm. Sie überreichte es anmutig
»Opa« und rannte noch einmal zum Fundort zurück. Strahlend kehrte sie
um mit einem kleinen Kügelchen in der Hand. Es war IHR Geschenk. Dabei
ließ sie es aber nicht bewenden und entdeckte noch einen größeren Schatz,
den sie mit Begeisterung meinem Mann in die Hand drückte. Er dankte ihr
liebevoll und wir wandten uns zum Gehen, weil es ihre Mama schon eilig
hatte.

Zu Hause »untersuchten« wir das Geschenk genauer. Aber mit unserem
botanischen Wissen fanden wir keine Antwort. Die winzigen Kügelchen –
fotografiert im Verhältnis zu einer Mozartkugel – sehen doch aus wie reife
Kastanienschalen! Wie kann es so etwas im Mai und in einer Wiese geben,
von der der Kastanienbaum weit entfernt ist? Hatte sich da etwa ein kleines
Tier – zum Beispiel unser Eichhörnchen – zu schaffen gemacht?

Ein winziges eifriges und aufmerksames Kind brachte uns Große ins Rätseln. Schön!

Übrigens hat sie von ihren Schauspielereltern einen »gewaltigen« Namen bekommen: Apollonia. Glücklicherweise ist der zum Spitznamen »Polli« geworden. Damit kann sich der kleine »Schmetterling« besser in unserer nüchternen Zeit bewegen. Aber »nüchtern« wird **sie** niemals werden. Sie ist schon jetzt voll Neugierde und Einfallsreichtum ...

Erziehung?

So kommen sie auf die Welt – wie wilde, wunderschöne Blüten. So werden unsere Kinder uns geschenkt. Je nach Temperament empfangen wir sie mit Rührung, mit Staunen, mit Begeisterung, mit Behutsamkeit oder bisweilen fast mit ein wenig Sorge, ob wir diesem Geschenk auch gerecht werden können.

Werden wir unseren Kindern ihre Frische und Unverfälschtheit erhalten können? Werden wir bemerken und fördern, was ihnen wohltut und was sie vorwärtsbringt? Werden wir sie mit Optimismus und Lebensfreude ins Leben entlassen? Werden wir sie stärker und selbstbewusster heranwachsen lassen, als es womöglich uns selbst vergönnt war?

Wir wissen, wir sind keine vollkommenen Menschen. Warum also sollten wir vollkommene Eltern sein? Um unseren Kindern die Freiheit der persönlichen Entwicklung grundzulegen, ist es gut, unsere eigenen Ängste und Fehler zu akzeptieren. Dann können wir unbeschwerter die Signale aufnehmen, die uns unsere Kinder geben. Wir verstehen vorurteilsloser, was sie glücklich macht und was sie zu reifen, selbstständigen Persönlichkeiten wachsen lässt. Wir dürfen sie so auf ihrem Weg des Erwachsenwerdens begleiten. Dieser Prozess wird landläufig »Erziehung« genannt.

Bereits das Wort »Erziehung« selbst birgt in sich die Fragen: Woher und wohin sollen wir unser liebes kleines Geschöpf »ziehen«? Das Wort selbst klingt nach ziemlich starkem Eingriff in die Seele unserer Kleinen. Es ist selbstverständlich, dass wir ihnen mit Beispiel und Erklärung die Welt Stück für Stück verständlicher machen. Sie sollen sich in ihr zurechtfinden und lernen, mit ihren Mitmenschen zufrieden zu leben. Wenn es aber dann darum geht, WIE sie sich diese Welt nach ihren Anlagen und Überzeugungen »aufbauen« wollen, sollten wir versuchen, in sie hinzuhören, ohne ihnen mit unserer »sogenannten« Lebenserfahrung fixe Bahnen vorzuschreiben.

Vertrauen und Geduld sind unsere Helfer, die es ermöglichen, dass wir uns langsam vom »Erziehen«, vom Ziehen in eine von uns bestimmte Richtung abwenden können. Dann werden wir – wenn wir unseren Kindern das unvergleichliche Geschenk eines guten Selbstvertrauens mitgeben konnten – erleben dürfen, wie aus unseren wilden, aber einfachen Rosen Wesen werden, die so vollkommen, komplex und wunderschön sind wie voll erblühte **Edelrosen**.

Flügge werden

Heute erlebten wir zum ersten Mal, wie die kleine kaum einjährige Polni uns stolz vorführte, dass sie jetzt schon richtig laufen könne. Sie »zischte« los und bumps lag sie auch schon auf der Nase. Ohne einen Laut raffte sie sich sofort auf und setzte ihre Vorstellung fort. Wir haben die Kleinen, die gerade gehen lernen und dabei einen drollig unsicheren Gang vorlegen, immer »Doddler« genannt. Es ist die erste Gelegenheit im Leben eines Winzlings, bei der er sich sozusagen selbstständig macht, auf seine Art »flügge« wird. Er braucht nicht mehr unbedingt vier Räder, um vorwärtszukommen. Welchen Spaß das macht, habe ich bei allen Kleinen gesehen. Aber eine Doddlerin wollte noch in der Bewegung zulegen. Eine Zeit lang sah sie zu, wie die Tauben immer wieder landeten, ein Körnchen aufpickten und dann sofort zur sicheren Mauer hinaufflogen. Das Starten der Vögel beobachtete sie mit Hingabe. Auf einmal lief sie los und hob ihre beiden Arme, als wollte sie nun auch fliegen. Ihr Start misslang natürlich. Sie kümmerte sich dann weiter nicht mehr darum. Es war eben ein Versuch. Der allerdings sah so lieb aus, dass ich das nie vergessen werde.

Die zweite Gelegenheit, bei der unsere Kinder emotional und geistig flügge werden, bietet sich im Teenager-Alter an. Da beginnen sie, alles besser zu wissen, sie ärgern sich über jede Einschränkung und spüren in sich eine Kraft, die ihnen verheißt, alles besser zu machen, als sie es bisher erlebt haben. Manche empfinden diese Aufbruchstimmung als einen verwirrenden und wieder andere als einen großartigen Schritt nach vorne. Auf alle Fälle versuchen sie nun, aus dem Käfig »auszufliegen«. Ich habe das in diesem Alter ganz buchstäblich erlebt, wenn ich auf einem Berggipfel saß und den Dohlen zusah, wie sie rund um den Gipfel sich mit dem Wind in die Tiefe stürzten, um sich dann wieder hochtragen zu lassen. Da oben hatte ich ein unglaubliches Gefühl von Freiheit. Ich musste mich immer zurückhalten, dass ich nicht traumverloren mich dem Flug der Dohlen anschloss. Es war wie eine Versuchung abzuheben. Ich spürte eben diese Kraft des »Flügge-werdens« in mir.

Ins eigene Leben aufbrechen – wie auch immer – ist, was wir als erwachsen werden erleben.

Frisch auf!

Steht ihr brav in Reih und Glied,
Sodass ein jeder auf mich sieht?
Und nun los, marschiert,
Hier bin ich, der kommandiert!
Mir soll gehorchen Mann um Mann,
Auf mich kommt es schließlich an.
Und so weiß jeder, was zu tun,
Hier ist nicht Zeit zum Ruh'n.
Frisch auf nun in den Streit,
Unser Sieg ist nicht mehr weit!

Diese oder ähnliche Gedanken müssen in dem Kopf des Jungen vor sich gegangen sein, der auf der Treppe zum Hauseingang stand und mit weitausladenden Gesten eine ganze Armee im Garten zu kommandieren schien wie ein kleiner Napoleon. Leider habe ich seine Worte vergessen, die er streng und schallend in den leeren Garten hineinrief. Alles spielte sich in seiner Vorstellung ab. Es sah sehr berührend aus. Er fühlte sich unbeobachtet und konnte deshalb einmal seiner Kraft und seinen Träumen Ausdruck verleihen.

Früh übt sich . . .

Oder sollte man zu dieser Begegnung mit dem Kleinen eher sagen: »Mitgegangen, mitgehangen?« Eltern in voller Kletterausrüstung redeten auf den Jungen ein. Dabei rutschten dem die Gurte um die Beine wieder herunter, weil er selbst kurz zuvor den Verschluss geöffnet hatte. Viel Vergnügen an der kommenden Unternehmung schien er jedenfalls nicht zu haben. Sein Vater meinte, er würde eher schaukeln als klettern – Schaukeln am Seil oder am Spielplatz?

Für mich war es ein Beispiel, wie Eltern Kinder in ihre Hobbies einführen. Das Ergebnis ist dabei völlig offen – jedenfalls in diesem Alter. Ich wünsche dem Kleinen, dass er selbst findet, was ihm Freude macht, und sich nicht – wie wohlgemeint auch immer – in eine Richtung drängen lässt.

»Held« oder »Versuchskaninchen«?

Ort des Geschehens: Am Fuße der
»Karpfenwand« bei Mödling

Frühe Sorgen

Heute traf ich den kleinen Klemens (eingedeutschter Name) aus der Nachbarwohnung, als er gerade frühzeitig vom Kindergarten abgeholt wurde. Er hat uns immer mit seinem Lächeln begeistert. Heute versuchte er, mir von seiner Kindergartentante zu erzählen. Alles, was er sagen konnte, war ihr Name. Er ist nun gute 2 ½ Jahre alt und wird langsam in das Leben im Kindergarten eingewöhnt. Dies scheint ein sehr schmerzlicher Prozess für ihn zu sein. Denn bei unserem »Gespräch« sah ich um seinen Mund einen bitteren Zug, wie man ihn sonst nur an Erwachsenen sieht, die viel mitgemacht haben.

Ich dachte über seine Situation nach. Was verbittert oder kränkt ihn denn so sehr, dass er sein Lachen verloren zu haben scheint? Nun, er hat vor einem halben Jahr ein Brüderchen bekommen, das ziemlich einnehmend zu sein scheint. Jedenfalls hören wir es mehr als die anderen Kinder im Haus schreien. Aber das allein kann es nicht sein. Denn Klemens zeigte mir ja mit dem Griff zum Kinderwagen, als ich hineinsehen wollte, dass das »SEIN« Baby sei. Der Kleine gehört irgendwie ihm, mindestens aber ZU ihm. Und nun soll Klemens bei dieser brüderlichen Konkurrenz noch dazu einige Stunden am Tag ganz selbstständig im Kindergarten verbringen. Da gibt es nun seinerseits Tränen.

Aber er vermisst nicht nur seine Familie, er hat ein anderes großes Problem: Er spricht kein einziges Wort Deutsch, nur Ungarisch. Seit wir ihn kennen, hat sich das noch nicht geändert. Nun hoffen natürlich alle, dass er im Kindergarten Deutsch lernen wird. Das wird auch geschehen. Aber ich stelle mir vor, WIE es ihm nun am Anfang geht – keiner versteht ihn und er kann sich nur mit Gesten verständigen.

Normalerweise sind die Kleinen damit sehr geschickt. So ist aus unserer dreieinhalbjährigen kleinen slowakischen Nachbarin Nikola innerhalb eines Jahres auch eine deutschsprechende Plaudertasche geworden. Sie hat ein ganz anderes, sehr extrovertiertes Temperament. Ihre Sprachbegabung mag natürlich verschieden von der von Klemens sein. Ich vermute, dass sich

Klemens auch wegen dieses »Sprachdschungels« nicht wohl fühlt. Jedenfalls möchte er gerne sprechen. Man hört ihn oft durch die Tür ungarisch plaudern.

Ich wünsche unserem lieben kleinen Nachbarn jedenfalls, dass er schnell diese unangenehme Anpassung hinter sich bringt. Sie ist ganz gewiss eine erste Herausforderung seines Kampfes um ein starkes Selbstwertgefühl. Wahrscheinlich ist ihm die Trotzphase dieses Alters eine Hilfe. Er wird es sicher meistern und sein Lachen wieder finden!

Allgemein meint man ja heute, dass es gut für die Sprachentwicklung von mehrsprachigen Kindern wäre, wenn wenigstens ein Elternteil mit ihnen Deutsch spräche. Die siebenjährige Simona aus der Slowakei sagte mir, sie spräche mit dem Vater Ungarisch, mit der Mutter Slowakisch und in der Schule Deutsch. Das ist eine beneidenswerte Basis für Mehrsprachigkeit, aber auch eine Leistung der Eltern.

Frühe »Spezialisten«

Mit Interesse und Bewunderung beobachte ich immer wieder, wie Kinder verschiedenen Alters in ihren Neigungen und Vorlieben auch ihre Begabung erkennen lassen. Es öffnet sich die Spirale: Beobachten, Bevorzugen, Nachmachen, Perfektionieren. Mein kleiner Techniker kündigte sich bereits mit seinem ersten verständlichen Wort »Ato« an. Diese »Spezies« zog sein Interesse an sich. Mit 2 ½ Jahren rettete er seinen kleinen Bruder, als der mit voller Energie auf eine offene, unter Strom stehende Steckdose zusteuerte. Er brachte vor Aufregung nur »Mama, schau der M.« heraus. Das war ein grauenhafter Fehler der Bauarbeiter. Gerade noch erwischte ich das Kind, seine Hand war zehn cm vor dem Gefahrenpunkt. Eben dieser kleine Bruder rettete dann mit etwa sechs Jahren dem vorwitzigen älteren die Hand. Dieser hatte die Trennscheibe – wieder von Bauarbeitern – erwischt und hantierte mit ihr. Plötzlich ertönte ein Schmerzensschrei. Noch ehe ich schnell genug sein konnte, zog bereits der Kleinere den Stecker aus der Steckdose. Wir hatten nur eine Fingerkuppe zu beklagen. Als ein Brand bei uns ausbrach, weil die Babysitterin die Ofentür im Dachraum nicht geschlossen hatte, wollte er, dass sie sie zumache. Sie glaubte ihm nicht. Er war ja nur ein Kind. So nahm das Unglück seinen Lauf. Dies erfuhr ich erst vor kurzem. Als er dann etwa elf Jahre alt war, bemerkte er rechtzeitig, dass der hölzerne Boden des Schlauchbootes am Auseinanderbrechen war. Dem Vater gelang noch eine Notlandung auf einer nahen Insel. Das Ende war natürlich ein technischer Beruf, den er mit ebensolchem Interesse ausübt wie früher alle möglichen Versuche. Er hat zum Beispiel schon Schwerlaster durchs Land fahren müssen. Insofern ist er seinem ersten Wort »Ato« treu geblieben. Nur einmal hat es ihn in die Irre geführt, als er heimlich nachts das väterliche Auto bei einer Kurve am Berg in den Graben gefahren hat. Das muss man sozusagen in die Rubrik »trial and error« stellen.

Manchmal hatte ich ein solches Erlebnis auch bei fremden Kindern. Ich saß im Warteraum eines Arztes und kam aus meinem Staunen nicht heraus, als ich sah, wie ein etwa vierjähriger Bub einen Turm aufbaute. Der hatte natürlich einen stabilen größeren Unterbau. Ich sah ihm dann zu, wie er Stein für Stein aufeinandersetzte. Der Turm war schon fast so hoch, wie der Bub groß war. Er nahm bedächtig Stein für Stein, konzentrierte sich kurz und legte dann mit unglaublich ruhiger Hand den Stein auf den Turm, dessen Spitze nun so dünn war, dass sie nur mehr aus je einem Stein übereinander gebaut war. Ich habe nicht erlebt, dass der Turm eingestürzt ist. Leider weiß ich aber auch nicht, ob er abgebaut wurde, ich wurde ins Ordinationszimmer gerufen.

Ebenso beobachtete ich in der Shopping City einen etwa gleichaltrigen vierjährigen Buben, der in ein Auto gesetzt wurde, für dessen Betrieb man eine Münze einwerfen musste. Ohne Münze rührte sich das Lenkrad etwas, aber zu wenig. Das Auto bewegte sich nicht von der Stelle. Papa dachte, es sei auch ohne Münzeinwurf ein geeignetes Spielzeug für den Kleinen. Der bemerkte den Fehler, stand auf und prüfte zuerst die Räder. Er prüfte, ob sie sich bei der knappen Bewegung des Lenkrads bewegten. Mit dem Ergebnis war er nicht zufrieden, er wiederholte den Vorgang. Was er dabei sagte, konnte ich leider nicht verstehen. Ich bin mir sicher, ich hätte als Kind nur sofort gemault: »Geht nicht.« Er aber versuchte, den Fehler zu finden.

Aber nicht nur technische Begabungen kann man frühzeitig erkennen, auch andere Charakterzüge, die unsere Kleinen entwickeln, geben Hinweise darauf, was »in ihnen angelegt« ist.

So amüsierte das zweijährige Mädchen, das von der Kinderaufsicht während der Messe abgeholt werden sollte, die Erwachsenen. Es bildete sich ein Kreis, weil sie mit für ihr Alter wunderbarer Hingabe und Behändigkeit auf einmal anfing, zu tanzen und dazu zu summen. Sie gab eine richtige Vorstellung – wie später einmal als Erwachsene auf der Bühne oder bei Vorlesungen.

Mein erstes Kind liebte Musik. Wenn sie Gesang hörte, »tanzte« sie schon in meinem Bauch. Ihr erstes Wort, das sie voll Bewunderung aussprach, war »Lume«. Später konnte sie sehr früh sauber singen, ihre Aufsätze hob ihre Volksschullehrerin auf, so poetisch waren sie. Später schrieb sie berührende Gedichte.

Solches beobachte ich auch bei fremden Kindern. Manche singen vor sich hin. Dabei gibt es vieles, das man als kindlichen »Singsang« bezeichnen könnte, so wie manche Kinder das beim Schaukeln machen. Aber plötzlich höre ich dann richtige Intervalle. Das Lied ist stimmig. Ich drehe mich um – und die kleine Sängerin ist im Kindergartenalter. Das kann mich begeistern. Schade, dass ich nicht weiß, was aus ihr werden wird.

Aber bei einer durfte ich es erleben. Meine Enkelin musste schon mit einem Jahr im Kindergarten bleiben. Dort fand sie sich mit ihrem Sinn, Neues aufzunehmen und kreativ zu erleben und zu verarbeiten, schnell zurecht. Als sie etwa 2 ½ war, gab es eine Vorstellung für Angehörige. Vier von uns waren als Zuschauer dort. Die Kinder mussten eine Blume tanzend umkreisen und dann die nächste Blume, so dass sie dadurch einen großen Kreis umrundeten. Sie bewegte sich fehlerfrei und sicher um jede Blume herum. Dazu machte sie eine strenge, konzentrierte Miene. Wir riefen ihr zu. Sie würdigte uns nicht mit einem Blick. Sie hatte jetzt zu tun!

Als sie dann etwa fünf Jahre war, hatte sie ein Gefolge von vier Buben hinter sich, denen sie Anweisungen gab, was zu tun war. Alle folgten ihr – so wie heute als Pädagogin.

Als sie zehn Jahre alt war, ging sie mit einem Notizblock durch den Tiergarten und machte sich Notizen. In gleicher Weise sammelt sie heute Material und Anregungen für kreatives Unterrichten.

Es ist für mich immer ein neues Wunder, wie Kinder heranwachsen und langsam aus ihren Träumen, Beobachtungen und Erlebnissen ihre Welt zimmern, die im besten Fall zu einem Beruf führt, der dann wirklich eine Berufung ist.

Geistesgegenwart

Im rosa Kleidchen mit einer rosa Eiskugel in einem »Stanitzel« stand sie vor dem Eisgeschäft und guckte halb interessiert, halb in sich versunken dem Treiben dort zu. Sie war etwa vier Jahre alt. Irgendwie sah sie etwas furchtsam aus. Wie sie so versonnen dastand, wollte mein Mann sie ansprechen. Ich warnte ihn noch, weil ich spürte, was folgen würde. Als er das erste freundliche, aber unerwartete Wort sagte, erschrak sie auch tatsächlich so sehr, dass sie einfach umfiel. Das war bei ihrem Gesichtsausdruck zu erwarten gewesen. Was aber nicht zu erwarten gewesen war, war ihre Geistesgegenwart. Sie lag am Boden. Mama stürzte sofort zu Hilfe und sah wie ich das Erstaunliche: Die Kleine lag hilflos da. Sie wagte es nicht, sich zu bewegen, weil sie mit erhobener Hand ihr Eis unversehrt hochhalten musste. Das Eis war ihr so wichtig, dass sie selbst im Erschrecken noch dieses köstliche Geschenk in ihrer Hand vor der »Katastrophe« bewahren konnte.

Ihre Reaktion war spontan und geschah wohl ohne viel Nachdenken. Aber etwas musste in ihr doch bewusst vorgegangen sein, sodass sie das ihr im Augenblick Wichtigste retten konnte. Ich finde eine solche Fähigkeit bewundernswert. Einem so jungen Wesen hätte ich sie nie zugetraut. Es hat mich aber wieder einmal davon überzeugt, dass wir »klugen« Erwachsenen Kinder sehr oft unterschätzen. Manches könnten wir von ihnen sogar lernen, was wir aus unserer eigenen Kindheit vergessen haben. Uns nüchternen und emotional oft »abgeschliffenen« oder vergrämten »Großen« können diese Momente aus unserer »magischen« Vergangenheit wie Lichter aus der Ferne etwas von der Lebensfreude und Unmittelbarkeit von Kindern bewahren. Lassen wir sie wie silberhelle Glöckchen in uns nachklingen!

Das meint auch unser »Kinderexperte«:

Stimmt's??

Und ob!

Im Reich der Märchen

Heute wird manchmal diskutiert, ob Märchen für die kindliche Seele passend sind. Natürlich gibt es Märchen, die man eher Erwachsenen zutrauen kann, aber viele darunter entsprechen dem, was Kinder an Träumen und Befürchtungen haben. Wichtig ist dabei das gute Ende. Das baut auf.

Wunderschöne verzauberte oder gerettete Prinzessinnen, böse Schwiegermütter, sprechende Tiere, heldenhafte Prinzen, Hexen und Zauberer und mittendrin natürlich scheinbar hilflose Kinder sind Generationen von Kindern ans Herz gewachsen.

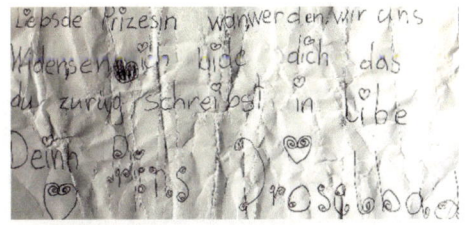

In meiner Kindheit war hinter meinem Bett ein Wandschirm von Dornröschens aufregender Geschichte, die gut ausging. Auf meinem Schulweg kam ich an der hinter Bäumen verborgenen großen Villa des »Barons« vorbei. Von ihm wurde wie von einer mythischen Figur gesprochen, weil er nie zu sehen war, man wusste nur von ihm. Für mich war diese Villa hinter den Bäumen ein Schloss und davor war ein Teich (den es auch wirklich gab), aus dem der Froschkönig erschien. Sein Ansinnen kam mir immer ungerecht vor. Aber am Ende siegte die Liebe. Das ging denn doch zu Herzen.

Unsere Katze einerseits und der Bach neben unserem Haus andererseits inspirierten mich zum »Gestiefelten Kater«, dessen Schlauheit ich bewunderte. Meine Mutter musste oft ins Ausland reisen, dann blieb ich mit meinen kleineren Brüdern zurück. Was liegt da näher, als die Verlassenheit von Hänsel und Gretl zu fühlen und zu erleben, dass alles Böse mit eigener Kraft besiegt werden kann. Wie freute ich mich immer, wenn die Hexe in den Ofen geschoben wurde!

Wie man besorgt um eine Großmutter ist und zugleich hilfsbereit, erlebte ich mit Rotkäppchen, das mich lehrte, nicht allem naiv zu glauben. Dem Rotkäppchen wäre dann viel erspart geblieben. Aber es wurde ja gerettet und alle Anspannung löste sich auf. Mit dem Aschenputtel freute ich mich, dass es am Ende über die hochmütigen Schwestern siegte. Ich fühlte mich oft als Aschenputtel. Deshalb war es auch nicht mein Lieblingsmärchen, sondern »Die sieben Geißlein«. Auch hier sind die Kleinen auf Lügen hineingefallen. Aber dem siebten Geißlein gelang aus eigener Schlauheit und Kraft die Rettung. Das wurde meine Lieblingsfigur. So wollte ich werden. In meinem manchmal schwierigen Leben war dieses Vertrauen in meine Identifikationsfigur ein wunderbarer Motor. So könnte ich noch weiter von meinen Märchenerlebnissen erzählen.

Schön war für mich dann später bei meinen Kindern und Enkelkindern, wenn ich sah, wie gerne die kleinen Mädchen Prinzessinnen spielten. Ein zauberhaftes Kleid und selbst die einfachste Krone verwandelten sie in die Figuren ihrer Träume. Kleine Prinzen und Zauberer gab es natürlich auch. Besonders zu Faschingsfesten bevölkerten sie unsere nüchterne Welt.

Ich möchte sie nicht missen, diese wunderbare Welt der Märchen. Einigen davon hat ja Walt Disney ein meisterhaftes Denkmal gesetzt, indem er diesen Zauber der alten Erzählungen für unsere moderne Welt filmisch aufbereitet hat. So wurden die inneren Bilder, die wir uns alle beim Hören und Lesen machten, neu und unsterblich interpretiert.

Im Wunderreich des Tiergartens

Lass' dich genau anseh'n.
Wie bist du schön.
Sie sagen, du bist nur ein Tier,
Doch bist du Bruder, Schwester mir
Und ich find' es richtig,
Dass du genauso wichtig
So – wie wir.

»Kofi«

So nannte sie die Affen in ihrer Sprache und war doch immer sprachlos, wenn sie im Tiergarten oder auf einem Bild eine Begegnung mit diesen bemerkenswerten Wesen hatte.

»Kofi, Kofi!«, rief sie staunend aus. Aber das riesige Tier gönnte ihr hier nicht einmal einen Augenaufschlag. Gelassen hatte es schon die Aufmerksamkeit unzähliger Bewunderer erfahren. Aber für die Fünfjährige war es ein »Riesenerlebnis«.

Spürte sie die menschliche Verwandtschaft? Er schien sie zu ahnen und nahm sie gleichgültig an.

?

KRIEGSKINDER

Wie diese frühen Blüten des Jahres sind alle Kinder, wenn sie geboren werden. Und dann – geschehen oft Dinge, die niemaaaaals hätten geschehen sollen! Aus dem Lachen werden ungezählte Tränen, nebulose Ängste, verkorkste Schicksale – vor allem wenn es sich um Kinder des Krieges handelt. Leider erleben wir derzeit wieder, dass es allzu viele dieser bedauernswerten Wesen gibt.

Ihnen möchte ich wünschen, dass ihnen auch wieder Chancen geschenkt werden, aus dieser Unglücksspirale auszubrechen. Dieses Wunder durfte ich vor achtundsiebzig Jahren erleben, als an den Rändern der Bombentrichter, den Einschlagkratern der Bomben, wieder Blumen wuchsen. Ich stand sinnend davor, spürte wie die Sonne endlich ohne Gasnebel scheinen durfte, wie warm und wohltuend sie war, wie ruhig es geworden war. Und etwas in mir vermochten diese einfachen Blüten am Rande der Bombentrichter damals zu heilen: Ich konnte mit der wunderbaren Kraft der kindlichen Neugierde und Entdeckerfreude wieder durchatmen und das Leben begrüßen.

Martinstag, 11. November

So voll war die Kirche schon lange nicht mehr. Alle wollten mich sehen. Ich bin der Heilige Martin. Ich bin ein römischer Soldat und durfte mich am Altar zu meinem Ehrentag zeigen. Durch alle Jahrhunderte haben die Menschen nicht vergessen, dass ich dem Armen einen Teil meines Mantels geschenkt habe. Besonders die Kinder haben mich ins Herz geschlossen, weil sie an meinem Gedenktag den Laternenumzug machen dürfen.

Ihre vielen Lichter sind wie
Sterne der Liebe und Freude
in dieser dunklen Novembernacht.
Behutsam und ergriffen bewachen die Laternenträger ihr Licht. Groß und Klein sammeln sich am Kirchenplatz und ziehen dann die Pfarrgasse zum Marktplatz hinunter.

Durch die Faszination, die die Laternen auf die Kinder ausüben, wird ein alter Brauch am Leben erhalten, der auch den Erwachsenen Licht und Herzenswärme schenkt.

Meine Puppe ist krank

Meist sind Kinder unternehmungslustig, vorwärtsgewandt und in guter Stimmung. Aber es gibt auch sehr traurige Situationen, in denen unsere Kleinen unsere Zuwendung ganz besonders brauchen. Sie wenden sich dann vertrauensvoll an uns um Hilfe. Die Situation wird jedoch kompliziert, wenn sie einen Verlust erleiden, bei dem wir sie nur trösten können, aber bei dem wir die geliebte Person oder das geliebte Spielzeug nicht mehr ersetzen können. Dann bleibt wohl meist eine Wunde zurück oder eine frühe Einsicht, dass es auch Unmögliches gibt und dass die »Großen« auch nicht allmächtig sind.

In den Kriegstagen mit den meisten Bombenangriffen konnten wir auf dem Land bei einer Tante bleiben. Ich war 4 ½ Jahre alt. Von der Gefahr und dem Schrecken bekam ich zuerst nur bedingt etwas mit, obwohl täglich über die Berge über unsere Köpfe hinweg die Flugzeuge hinwegdonnerten. Wir konnten spielen, hatten genug zu essen und wurden beschützt. Da geschah es eines Tages, dass ich meiner geliebten Babypuppe, die nur aus Celluloid war, das Gesicht zu fest reinigte und ihr dabei die Augen eindrückte. Sie sah schrecklich entstellt aus. Der Schmerz traf mich mit voller Härte, denn in meinen Augen war sie ein lebendiges Wesen. Ich selbst hatte ihr wehgetan. Weinend ging ich zu meiner Mutter. Die hatte in diesen Tagen andere Gedanken im Kopf, weil mein Vater an der Front war. Sie sah nur kurz hin und sagte: »Na, jetzt hast du sie kaputt gemacht!« Ich beschwor sie, dass die Puppe ja zum Arzt gebracht werden müsse. Der könne bestimmt helfen. Sie schüttelte nur missmutig den Kopf, strich mir abwesend übers Haar und nahm die Puppe mit sich. Auch die Tante versprach mir nicht, dass der Arzt die Puppe heilen könne. Ich habe sie nie mehr gesehen und ihr noch Jahre nachgetrauert. Es war wahrscheinlich einfach kein Geld dazu da, eine Puppe nachzukaufen oder sie zu reparieren. Das weiß ich heute. Aber damals erschienen mir die Erwachsenen grob und verständnislos. Wo ich meine Puppe doch so geliebt hatte! Sie kam nie mehr wieder. Mein Bruder und dann auch ich bekamen eine Stoffpuppe, die meine Großmutter genäht hatte. Sie war für mich nie lebendig. Blieb immer nur ein Ding. Sie verschmutzte allmählich und blieb in einer Ecke liegen.

Meine Enttäuschung fand damals keine Erklärung oder Begründung. Die Großen wussten wahrscheinlich nicht einmal, warum ich so viele Tränen weinte und so viele Fragen stellte. Es war eine der ersten Situationen, in der ich mich allein gelassen fühlte.

Mit Maß und Ziel

Zunächst einmal muss ich mich »outen« als Immigrantin in der digitalen Welt. Ich bin aufgewachsen mit einem Vierteltelefonanschluss und einem Radio. Der Telefonapparat stand im Vorzimmer, der Radioapparat in der Küche. Ich gebe zu, dass ich bereits früh den Nachrichten dieses »Wundergeräts« lauschte und mir daraus ein Bild von der Welt und den Vorgängen darin formte. Ich interessierte mich für alles. Ganz besonders aber liebte ich die Sendungen von Maxi Böhm und die Berichte vom Skispringen in Bischofshofen mit meinem Favoriten Sepp Pradl. Edi Finger konnte

so anschaulich sportliche Ereignisse schildern, dass ich fast atemlos darin involviert wurde. Diese Neugierde der Kinder ist auch heute gleich geblieben, aber das Gerät, mit dem sie umgehen, ja spielen, hat sich sehr geändert.

Wie anders nun die Welt ist, wurde mir erst auf einem Flug mit der AUA veranschaulicht. Es waren verhältnismäßig viele Kleinkinder im Flugzeug. Da kam es natürlich auch zu lebhaften Auseinandersetzungen mit den Eltern. Nun wurden diese Kleinen aber nicht mehr mit einer Trinkflasche, einem Bilderbuch oder gutem Zureden beruhigt, sondern es wurde ihnen ein Smartphone in die Hand gedrückt. Dort versanken die Kleinen bei ihrem Lieblingsfilm dann in die erwünschte Ruhe.

Oft sehe ich Jugendliche auf der Straße, die mitten im Gehen mit einer

Hand auf dem Handy schreiben und womöglich noch dazu reden. Mit derselben Geschicklichkeit, mit der sie mit der Hand damit umgehen können, benutzen die Jungen auch alle möglichen Funktionen, die das »Zaubergerät« anbietet, vor allem alle Mittel der Kommunikation. Ich muss oft um Hilfe bei meinen Enkelinnen bitten, wenn ich mit einer Funktion nicht zurechtkomme, die mir zum Beispiel von einer Behörde abverlangt wird. Also haben mir die Jungen tatsächlich viel voraus. Für ihre Zukunft, in der die technische Entwicklung noch größere Fortschritte machen wird, ist die frühe Gewöhnung ans Mobiltelefon gewiss unentbehrlich. Ich glaube aber ebenso, dass das Handy kein normales Spielzeug ist. Es bedarf einer Erziehung, die kleine und große Kinder auch auf die Schattenseiten im Umgang mit diesem Gerät aufmerksam macht. Dann können sie erst die Vorteile sicher nutzen, ohne in die Fallstricke zum Beispiel vom Dark-Net oder einer Suchthaltung zu geraten. Sie werden auch zum Beispiel weiterhin ihr Kommunikationsbedürfnis nicht nur medial ausleben, sondern sich auch mit tatsächlich anwesenden Menschen gut unterhalten. Sie werden nicht als Couch-Potatoes enden, sondern weiterhin Sport und Bewegung in freier Natur lieben und so weiter.

Wie so vieles im modernen Leben ist also auch das Smartphone Versuchung und Chance zugleich. Wir können den Kleinen helfen, damit richtig umzugehen – wenn, ja wenn wir selbst damit umgehen können nach dem uralten Motto: **Mit Maß und Ziel**.

Nein – nem!

Seit wir ihn kennen, lächelt er uns bei jeder Begegnung freundlich und glücklich an. Wenn nur ich hier bin, fragt er nach meinem Mann in seiner ungarischen Sprache. Wir antworten ihm in deutscher Sprache. Seit einiger Zeit geht er in die Spielgruppe des Kindergartens. Aber bis heute haben wir noch kein deutsches Wort von ihm gehört. Bis heute, wohlgemerkt!

Heute »fuhr« er stolz mit seinem neuen Tretrad zur Straße. Da forderte ihn seine Mama auf, die leicht ansteigende Richtung der Straße einzuschlagen. Er wandte energisch den Kopf, zeigte die Straße nach unten und sagte: »**Nein!**« In seinem kleinen Hirn war der »Simultan- Übersetzer« aktiv geworden. Ich traute meinen Ohren nicht: sein erstes deutsches Wort!

Zwei Wunder waren geschehen: Das freundliche Kind drückte klar seinen eigenen Willen aus und dies in der fremden Sprache, die er nur allmählich und vorerst nur in einzelnen Worten »auffängt«.

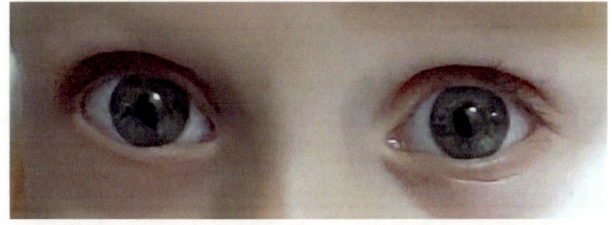

Was verbirgt sich hinter diesen Augen? Aufmerksamkeit, Neugier, ein wenig Schüchternheit, Offenheit, Klarheit oder ein »kleiner Dickschädel«? Wahrscheinlich von allem etwas. Diese Augen strahlen schon eine ganz bestimmte Prägung aus, die wir erst langsam erkunden müssen. Sie sind andererseits wie ein braches Feld, das jede Art von Samen aufnehmen kann.

In dieser Offenheit erweckt jedes Kind, das wir treffen, für uns eine Unzahl von Fragen und eine gewisse Verantwortung, wettgemacht von unerwarteten fröhlichen Momenten.

nem...nein...nem...nein...nem...nein...nem...nein

Noch drei Tage – dann ist es geschafft!

Heute schaut die alte Burg mit Wohlgefallen auf ein lebhaftes Schauspiel. Die langen Sommerferien stehen vor der Tür. Das unnachahmliche Geräusch plappernder Kinder belebt den Vormittag. Es sieht so aus, als würden sie »ausgeführt«, um mit dem Wandertag ein mehr oder minder erfolgreiches Schuljahr hinter sich zu lassen. Unter den Augen ihrer Lehrer und Lehrerinnen sind sie unglaublich diszipliniert. Man spürt, dass sie sich in ihrer Gemeinschaft wohlfühlen. Bereitwillig geben sie dem Spaziergänger auch Auskunft, woher sie kommen. Mit einem warmen und heiteren Gefühl setzen wir unsern Weg fort. Immer wieder treffen wir laut plaudernde Kinder, gemütlich dahinschlendernd oder auch von ihren Betreuern in tüchtigem »Trab« angetrieben. Dabei stoßen wir auf ein Detail zum Schmunzeln: Eine Lehrerin holt noch schnell den »Brechkübel«, falls sich ein Kind im Bus übergeben muss. Dann verschwindet ihre Gruppe im Bus. Tschüss!

Mit solchen Tagen kann auch Schule eine schöne Erinnerung an die Kindheit bleiben!

Oje – mein schöner Schneemann!

Gestern hat mir Papa geholfen, diesen schönen Schneemann zu machen. Auweh, es war kalt, die Schneekugeln zu schieben. Ich konnte nur die kleine Kugel für den Kopf formen. Aber ich habe auch die Arme hineingesteckt. Dann war unser Schneemann fertig.

Aber – oje – am nächsten Tag, als es wärmer war, war der Mann aus Schnee sehr krank und schief. Ich war ganz traurig.

Und als wir am Nachmittag noch einmal vorbeikamen, waren nur mehr zwei Kugeln übrig. Ich wollte schon weinen, da bemerkte ich etwas – aus dem Schneemann war ein Tier geworden. Ich sah einen Hund von der Seite. Wie konnte das geschehen?

Mama erklärte mir, dass der Schnee immer weniger werden wird. Bald wird nichts mehr von meinem Schneemann übrig sein, nicht einmal mehr ein Hund. ABER!

Wenn der nächste Schnee kommt, machen wir sicher wieder einen Schneemann!

Sicher!

Peng, peng!

Gestern kamen wir an einem Spielplatz vorbei. Einige kleine »Kerle« standen am Zaun. Zuerst kamen wir mit ihnen ins Gespräch, bis plötzlich einer seine Hände durchstreckte und mit »gezücktem« Zeigefinger mit den Worten »peng, peng« auf uns »losballerte«. Das war ein richtiger Spaß für ihn. Mich brachte es zum Nachdenken.

Er wollte einfach seine Kraft loswerden oder sich wichtigmachen. Wenn ich so etwas sehe, habe ich automatisch ein flaues Gefühl im Magen. Der Pazifist in mir, der seinen Kindern jede Art von Waffen, vor allem die beliebten Spritzpistolen verboten hatte, sieht das auch bei anderen Kindern nicht gerne. ABER: Mittlerweile habe ich so oft erlebt, wie jedes Stück Holz, jeder Stock, der im Wald gefunden wird, als »Schießgewehr« verwendet wird, dass ich mich frage: WOHER kommt diese Freude der Buben am »Ballern«? Vor unserer Nachbarwohnung steht ein ganzer Kübel solcher »zweideutiger« Stöcke aus dem Wald. Man kann sie natürlich auch als Messer, Pfeile oder Säbel et cetera verwenden. Aber warum? Es gibt wohl viele Gründe.

Eines ist sicher, dass Kinder auch einmal wild und laut sein wollen, ihre eigene Kraft ausprobieren und sich mit anderen messen. Ich erinnere mich an das beliebte Spiel meiner Kindheit »Wer fürchtet sich vorm schwarzen Mann?«. Auf diesen Aufruf hin stürmten zwei Horden schreiender Sprösslinge – auch Mädchen – gegeneinander, oft auch nur ein »schwarzer Mann« gegen eine einzige Horde. Das war lustig, laut und schnell. Da konnten wir uns austoben.

Beim letzten Wort bin ich schon mitten in meiner Überlegung von heute. Wir sind es unseren Kindern schuldig, dass wir ihnen eine geschützte und liebevolle Kindheit bieten, in der sie ein gesundes Selbstwertgefühl entwickeln können. Dazu gehört auch, dass sie ihre Kraft ausprobieren können. ABER sie sollten zugleich erfahren, dass sie diese Kraft NIEMALS gegen andere richten dürfen. Auch in einer behüteten Kindheit »passiert« manches, das Aggression eher als Verständnis bei einem Kind hervorruft. Aber den Lernprozess, wie sie damit umgehen, dürfen wir ihnen nicht ersparen. Wir müssen ihre Wut ernst nehmen, mit ihnen reden, ihnen vermitteln, dass wir trotz allem Vertrauen haben, aber zugleich erklären, dass Gewalt nie eine Lösung im Zusammenleben ist.

Ich glaube, zur Gewalt greift nur, wer Schaden an seinem Selbstwertgefühl erlitten hat. Deshalb ist es nicht so wichtig – nur als letztes Mittel einsetzbar –, mit Verboten und Strafen zu erziehen, sondern vielmehr mit liebevoller Zuwendung, Ausdauer, Vertrauen, einer Portion Humor und unendlich vielem Erklären.

Und ganz nebenbei: Eine zielführende und unterhaltsame Art des Kräftemessens bietet der Sport. Vielleicht fühlen sich die kleinen »Ballerfritzen« da genügend herausgefordert?

»Schene Baime!«

Nicht immer ist alles »eitel Wonne« im Leben unserer Kinder. Oft sind wir es selbst, die ihnen unnötige Aufregungen zufügen. So geschah es mir mit meiner Jüngsten. Es war noch zu jener Zeit, als Babysitten von Vätern eher eine Seltenheit war, jedenfalls in unserer Familie. Ich musste wegen einer unaufschiebbaren Erledigung die Kleinste meinem Mann anvertrauen. Als ich nach Hause kam, saß sie vergnügt mitten auf der Stiege mit einer Menge von Papas Valium Tabletten und spielte damit. Wie war sie nur an den Behälter gekommen? Als ich sie so vor mir sah, packte mich die Panik. Hatte sie schon eine oder mehrere Tabletten »gekostet«? Ich konnte meine Erregung nicht niederhalten und fragte sie eindringlich, ob sie bereits eine Pille geschluckt habe. Sie war von meiner stürmischen Frage so erschreckt, dass ihr überhaupt keine Antwort einfiel. Ich versuchte mich und sie wieder etwas zu beruhigen, verpackte sie, wie sie war, ins Auto und fuhr ins Kinderspital. Auch dort waren sie der Meinung, dass es hier nur die Lösung des Magenauspumpens gab. Während sie sich mit der Kleinen beschäftigten, hielten sie mich mit einer komplizierten Anmeldung zurück. So konnte ich mich nicht einmischen, obwohl ich durch die Türen heftiges Geschrei hörte.

Dann kam sie zurück. Alles war in Ordnung. Ich konnte sie endlich in die Arme nehmen und mit ihr ins Freie gehen. Als wir in den Hof kamen, atmete sie tief durch und sprach die für mich unvergesslichen und für sie erlösenden Worte: »Schene Baime.« Es war, als hätte sie mit dieser Freude an

der wieder erlangten Freiheit und der schönen Natur alle Schrecken »aus-
geatmet«. Diese Worte in Betonung und Phonetik richtig wiederzugeben,
ist mir unmöglich. Aber das Gefühl dabei war für mich wie eine Befreiung.
Wir hatten es geschafft! Mit wunderbarer Resilienz ist das Kind wieder zur
»Tagesordnung« übergegangen.

Fast schuldbewusst musste ich mir eingestehen, dass es manchmal die
Kinder auch mit ihren Eltern nicht einfach haben. Aber es ist ihnen so viel
Lebensfreude und Vertrauen geschenkt worden, dass sie auch Unangeneh-
mes meistern können. Sie müssen nur grundsätzlich das Gefühl haben, dass
sie geliebt werden.

»Seid ihr alle da?«

»Kasperl, Kasperl, Kasperl!«, tönt es durch den Raum. Und dann kommt die heiß ersehnte Frage: »Seid ihr alle da?« Wenn das »Ja, ja, ja« darauf nicht laut genug ist, wird der Vorgang wiederholt, solange bis es passt.

Dann trete ich in Aktion. Zuerst zeige ich nur die Spitze meiner Mütze, dann schiebe ich mich langsam durch den Vorhang auf die Bühne und schaue kurz, wer alles da ist. Wenn es wenige sind, begrüße ich sie gleich mit ihren Namen, sonst heißen sie bei mir »Kinder«. Die soll ich also jetzt unterhalten. Dazu habe ich ein paar Gefährten: natürlich meine Gretl und die Groß-mutter und meinen Freund Seppl, der sich manchmal recht ungeschickt anstellt. Am wichtigsten aber ist außer mir das Krokodil, ja natürlich! Alle Feinde von Kindern werden in diesem Krokodil mit seinem riesigen Maul verkörpert. Ich bin immer der Retter meiner Kinderschar vor den Attacken des Bösen. Manchmal hilft mir der Polizist in seinem Einsatz für Recht und Ordnung. Das ist die »Grundausstattung« meiner Mitspieler, aber du kannst sie so weit vergrößern, wie deine Fantasie reicht, zum Beispiel auch mit Tieren. Dann gibt es dazu unentbehrliche Utensilien, zum Beispiel einen Kochlöffel, der zum Gaudium der Zuschauer im Kampf gegen das Krokodil eingesetzt wird, oder irgendein drolliges Fahrzeug und so weiter. Von kleinen Neckereien, Missverständnissen, Aufregungen, Attacken, Heldentum an bis zu Hilfsbereitschaft, ja sogar Lust an Gaumenfreuden kannst du nun alles erleben. Wichtig ist, dass ICH am Ende siegreich bin.

Ich habe ja eine »Rückhand« hinter der Bühne. Die sieht durch ein kleines Guckloch, was sich alles im Publikum tut, und flüstert mir rechtzeitig Gags zu. So sehe ich immer in strahlende und interessierte Kinderaugen. Ich habe auch gedacht, man könnte diese Kleinen völlig aus ihrer Realität weglocken, bis ich einmal ein noch nicht dreijähriges Mädchen aus der Schar vor der Bühne rufen hörte: »Hallo, Oma!« Warum hat die Oma hinter mir ihre Stimme auch nicht besser verstellen können! So hatte die Kleine noch immer ihre Realitätskontrolle beibehalten. Heute ist sie selbst Kindergärtnerin und führt die Kinder ins Reich der Fantasie und Kreativität. Aber damals hat sie uns einen schönen Schrecken eingejagt.

Ich habe eine lange Geschichte und man kennt mich in verschiedenen Formen. Ich hatte zum Beispiel einen sehr berühmten Großvater, den Hohensteiner Kasperl mit seinen Freunden und Feinden. Die Figuren waren alle handgeschnitzt, wunderschön und Eigentum eines Mannes, dessen Broterwerb Zahlen und Steuern waren. Wenn er hinter der Bühne, die er damals noch dazu selbst gezeichnet und hergestellt hatte, saß, waren es seltene Momente, in denen ich in ihm Humor und Lebensfreude erweckte. Die Kinder der Familie sind mit seinem Spiel aufgewachsen und haben mich lieben gelernt.

Später haben dann diese Erwachsenen selbst wieder ihre Beziehung zu mir ihren Kindern weitergegeben. Das geschah schon in den ersten Jahren ihrer Kleinen. Die Kinder setzten sich nämlich selbst hinter die Bühne und probierten ihre Kunst mit mir aus. Die »Großen« waren dabei das Publikum. Tobender Applaus war mir mit den kleinen Helfern sicher. Doch sah ich auch ein unnachahmlich verschmitztes Lachen in den Augen der Großen, wenn meine kleinen Puppenführer nicht versteckt hinter der Bühne saßen, sondert einfach stehend ihr volles Gesicht im Bühnenrechteck zeigten. Ihre »Größe« erlaubte ihnen das. Ich lachte nicht nur, es rührte mich.

Später dann erfuhr ich eine »Sonderberufung« als Herzensbrecher scheuer oder aufmüpfiger Kinder. Wer einfach nicht den Mund aufmachen wollte, dem stellte ich eine Frage. Er sah mich erstaunt an und konnte gar nicht anders, als mir eine Antwort zu geben. Das durfte ich beim Babysitten sehr kleiner Kinder und sogar in der Schule erleben. Ich kam mir unglaublich wichtig vor. Das könnt ihr euch denken. Einige meiner kleinen Freunde wurden lebhafter und die anderen beruhigten sich und fingen erst einmal nachzudenken an, was eigentlich los war. Das verschaffte meinen erwachsenen Mitarbeitern einen Aktionsvorteil, um den sie ohne mich lange, womöglich sogar vergeblich hätten kämpfen müssen. Aber ich muss auch gestehen, das klappte nur, weil meine Gönnerin und ich einander schon so lange kannten und genau wussten, wozu ich fähig bin.

Nur bei einem scheiterte ich kläglich. Als ich zu Hilfe gerufen wurde, um bei einer speziellen Lernschwäche im Rechnen ein kleines »Wunder« zu bewirken, erlitt ich den schlimmsten Schiffbruch meiner langen Laufbahn. Dieses bedauernswerte Wesen kapierte den Zehnersprung nicht, obwohl ich ihm doch versuchte, jede Angst vor dieser Rechenaktion zu nehmen.

Da sagte ich mir reumütig: »Kasperl, bleib bei deinen Leisten. Du bist dazu da, Freude zu machen und nicht zu unterrichten.«

Und damit ließ ich es auch bewenden. Ich hoffe, dass mich die Leute mit all ihrem Interesse an elektronischer Unterhaltung dennoch nicht vergessen. Denn eines kann ich ganz gewiss – andere zum Lachen zu bringen.

Bis bald ...
Euer Kasperl

Spielen
neleips
peislne

»Also spielen wir Theater,
Spielen unsre eignen Stücke
Frühgereift und zart und traurig.
Die Komödie unsrer Seele . . .«
(A. Schnitzler: Vorwort zu »Anatol«)

Mit diesen Worten hat uns der Autor sicherlich »durchschaut«. Etwas Kindliches, nicht Endgültiges mit der Laune zu Versuch und Irrtum steckt auch in uns Erwachsenen. Es ist wie ein Vermächtnis aus unserer Vergangenheit. Das erkennen wir, wenn wir die Spiele unserer Kinder beobachten. Dabei entsteht der Eindruck, dass Kinder in ihrem Spiel *das Leben ausprobieren* und es in gewisser Weise *einüben.* Sie spielen *»wirkliches« Leben.*

Es mag uns zum Schmunzeln bringen, wenn die Dreijährige mit Vehemenz als Kindergärtnerin ihren Schützlingen, die nur in ihrer Vorstellung anwesend sind, Anweisungen gibt. Ich habe auch erlebt, wie eine Vierjährige vier kleinere Buben hinter sich scharte, die ihrem Kommando folgten. Wir können unser eigenes Partnerverhalten »ablesen«, wenn unsere Kleinen »Vater-Mutter-Kind« spielen. Wir erleben frühe Interessen oder Begabungen, wenn in der Puppenküche mit Zutaten jeglicher Herkunft gewerkt wird. Wir lassen uns zum Spaß von einem selbstbewussten Verkäufer etwas »andrehen« und bewundern das Legobauwerk des etwas Größeren. Komplizierte Bausätze sind bei den »Experten« jeder Altersstufe beliebt. Ebenso rührt uns das erste selbst gehäkelte Puppenkleid unserer Puppenmutter. Wir sehen erstaunt und manchmal verwirrt zu, welch kräftiger Wille, andere zu beherrschen, sich in den Kampfspielen mancher Kinder zeigt, auch wenn nur eine Spritzpistole oder ein Stock aus dem Wald die Waffen sind. Diese Aggressivität wird von Eltern meist klugerweise in sportliche Aktivität umgemünzt, auch wenn sie sich fragen, »woher er das wohl hat«. Kein Gefühl wird bei diesen Kinderspielen ausgespart. Denken wir etwa an »Räuber und Gendarm« oder »Wer fürchtet sich vorm schwarzen Mann?«, an die wilden Indianerspiele unserer eigenen Kindheit et cetera. Bei einem solchen Spiel landete zum Beispiel einmal ein Pfeil im Gesicht meines Bruders. Diese »alten« Spiele werden heute meist von elektronischen Spielen abgelöst. Mich hat zum Beispiel begeistert, wie ein Schüler souverän auf dem Bildschirm sein Fahrzeug durch alle Hindernisse hindurch laviert hat. Auch da kündigt sich Begabung und Geschicklichkeit an, die nicht früh genug trainiert werden können, vor allem wenn es noch dazu Spaß macht. Sehr berührt hat mich im Gegensatz dazu, als mir eine Zehnjährige erzählte, wie sie sich nach der Scheidung ihrer Eltern auf dem Dachboden verkroch und mit Playmobil-Figuren ihre Situation nachspielte. Für sie war das Spiel eine Art Therapie, welche Funktion es ja auch bewusst oder unbewusst bisweilen hat.

Allen Spielen gemeinsam sind der Einfallsreichtum, der Versuchscharakter, die beliebige Wiederholbarkeit und die fast grenzenlose Wandelbarkeit. Darum wünschen wir unseren Kindern einfach viel Zeit und Lust zum Spielen! Und manchmal dürfen wir das auch uns selbst gönnen, oder etwa nicht?

Stell dir vor, du gehst durch den Wald. Die Bäume lassen noch das Sonnenlicht großzügig durch. Aber es ist schon relativ warm.

Stell dir vor, die Vögel schmettern ihre ersten Frühlingsmelodien in die Luft.

Stell dir vor, die ersten Eichhörnchen springen leichtfüßig von einem Baum zum andern.

Wenn du dich dann auch noch in die Sonnenstrahlen versenkst, die sich an einem bestimmten Fleck am Boden bündeln, dann verlierst du dich allmählich in einen Tagtraum. Du sinkst zurück in eine andere Welt, in den Märchenwald deiner Kindheit.

Dort hat es noch viel mehr gegeben: lebendige, hauchzarte Wesen, Elfen, die federleicht über den Boden hinwegschwebten und sich in der Sonnenlich-

tung ein Tänzchen zum Stelldichein schenkten. Es hat Wundervögel und Schmetterlinge und vieles mehr gegeben – eine versunkene, aber nicht eine verlorene Welt.

Denn diesen Zauber der Kindheit hat sich mein Unbewusstes erhalten. Eines Nachts durfte ich sogar als Erwachsene wie eine Elfe auf einer solchen Sonneninsel im Märchenwald tanzen. Ich fühlte mich unendlich frei, geschmeidig und in mir selbst aufgehoben wie nie in meinem wachen Leben.

Als ich erwachte, brauchte ich lange, um mich in der Wirklichkeit zurechtzufinden. Aber das wunderbare Gefühl von Freiheit und Leichtigkeit war noch in mir.

Da erinnerte ich mich daran, als ich – an der Schwelle vom Kindesalter zum Jugendalter – die »blaue Blume der Romantik« entdeckte. Sie lebt noch immer in mir, ebenso wie jene Lichtung im Märchenwald. Unendlich viel Kraft hat ihr Zauber für mich in den Lebenswehen immer wieder ausgeschüttet.

Es ist dies die Magie meines »inneren Kindes«, die mich nie verlassen hat und der ich dies alles verdanke. Wie gerne möchte ich sie weiterschenken. Sie ist ein *Lebenselixier*!

Umgangsformen

Gestern beim Spazierengehen begegneten wir einem Vater, der ein kleineres Mädchen im Kinderwagen und einen etwa vierjährigen Buben an der Hand führte. Der Bub war missmutig und ließ sich einfach nur »mitziehen«. Mein Mann redete den Kleinen an, um ihn aus seiner schlechten Laune durch den Überraschungseffekt herauszulocken. Aber weit gefehlt! Mit einem verächtlichen »du Hundekacke« wurde die vermeintliche Freundlichkeit abserviert. Meist reagieren Kinder anders und vergessen ihren Groll, aber dieser kleine Wicht ärgerte sich weiter und drückte das auch deutlich aus. Ich war neugierig, was der Vater nun machen würde. Er reagierte sehr klug. Er hielt an und verkündete streng, dass man dies zu niemandem sagen dürfe. Der Bub sah ihn zweifelnd an. Da verlangte der Vater sogar von ihm, dass er sich entschuldigen solle. Den Gesichtsausdruck des Kindes kann man schwer beschreiben. Er sah sich seinen »Widersacher«, meinen Mann, nochmals genauer und zweifelnd an. Der zeigte keinerlei Anzeichen von Verärgerung und winkte nur zum Abschied. Daraufhin entspannte sich der Gesichtsausdruck des Buben merklich. Er lächelte zwar nicht, entschuldigte sich auch nicht, aber winkte zum Abschied zaghaft. Gleichmütig hörte er sich nochmals die Erklärung des Vaters über sein schlechtes Benehmen an. Er war nicht mehr aufmüpfig. Ich bin sicher, wenn die beiden Männer nur einen lauteren Tadel von sich gegeben hätten, wäre der Kleine erst recht bockig geworden und hätte überhaupt nicht den Ermahnungen zugehört. So muss doch wohl etwas in seinem Kopf vor sich gegangen sein. Er wurde auch davor bewahrt, sich schämen zu müssen, indem einfach auf der sachlichen Ebene weitergesprochen und agiert wurde.

Ich bin sicher, wenn man ihn nicht zurechtgewiesen hätte, würde er sich eine ähnliche »Frechheit« noch öfter leisten. So aber ist ein Grundstein zur Einsicht gelegt worden, ohne ihn in seinem Selbstwertgefühl zu verletzen. Auf diese Weise lernt er auch allmählich unbewusst, andere nicht zu verletzen.

Tja, es braucht oft viel Geduld, um unseren Kleinen *gute Manieren* beizubringen.

Vielleicht ist es hilfreich, sich bei Tadel an unseren Kindern an die eigene Kindheit zu erinnern.

Wann war der Tadel konstruktiv und wann hat er uns verletzt und hat das Gegenteil bewirkt?

Unsere erste Urlaubsreise

Setting: ein kleines Kinderzimmer, drei Stühle hintereinander
Personen: eine Dreieinhalbjährige, eine knapp Einjährige, eine Oma
Handlung: Auf dem ersten Sessel sitzt die dreijährige Lenkerin unseres Fahrzeugs, dahinter sitzt als erster Fahrgast Oma, der letzte Sessel ist reserviert für andere, die mit uns fahren wollen. Da meldet sich auch sofort die Kleine, die im Gitterbett steht, weil sie unbedingt auch mitmachen will. Also darf sie auf Omas Schoß sitzen. Dann geht es los. Die Lenkerin beginnt mit dem Motorengeräusch. Oma ruft: »Schau mal, so schöne Berge und da vorn sehe ich einen See.« Die Kleine springt sofort auf den Wagen der Vorstellungskraft auf und antwortet: »Schön, fahren wir dahin, ich will den See sehen.« Nun treffen wir verschiedene Fahrzeuge, die auch dorthin fahren, wir steigen aus, machen ein Foto und steigen wieder ein. Wir bewundern Bäume, Häuser, Wiesen. Einmal müssen wir plötzlich halten, weil ein Hund über die Straße läuft. Das macht einen gehörigen Ruck in unserer Sesselanordnung. Die Kleine will schon zu weinen anfangen. Aber die Größere beruhigt sie: »Ist ja nichts passiert. Schau, wie schön die Sonne scheint.« Wir fühlen, wie warm es ist, wir lachen und plaudern noch über viele Details, die wir auf unserer Reise sehen. Die kleine Lenkerin legt sich »ordentlich ins Zeug«. Einmal möchte ein weiterer Fahrgast hinten einsteigen, aber dann überlegt er es sich anders. Endlich sind wir fast am Ziel, im »Urlaub«. Aber unsere kleine Lenkerin ist schon etwas müde, steigt ganz einfach aus und sagt, sie sei nun aber wirklich hungrig. Deshalb muss auch die Schwester wieder in ihr Gitterbett zurückkehren, wo sie ebenso heftig um Essen bettelt.

So endete unsere erste fiktive Urlaubsreise. Später fuhren wir dann tatsächlich gemeinsam zu einem wunderschönen See und zum Meer.

Warum???

Alles war weiß und glitzerte mit Häubchen von Schnee. Da blieb der Kleine, etwa drei bis vier Jahre alt, an der Ecke stehen und sah interessiert einen Tropfen an, der von oben herabfiel. »Warum tropft es da im Schnee?«, fragte er. Als Antwort kam ein Satz des Vaters. Der war zwar undeutlich und unverständlich, aber der Kleine stapfte zufrieden weiter. Mit dieser kindlichen Aufmerksamkeit und Neugierde und dem kleinen Wörtchen »warum« entwickelt sich langsam das Weltbild unserer Kleinen. Allerdings ist es eine große Kunst der Eltern, in einfachen Worten komplizierte Zusammenhänge zu erklären, wie hier das Verhältnis von warm und kalt und Wasser und Schnee. Je mehr solche »Warums« wir beantworten müssen, desto lebendiger und auffassungsbereiter wird unser Kind.

Für eines meiner Kinder habe ich es so formuliert:

>Ich bin schon groß,
>ich kann singen wie du.
>Ich bin schon groß,
>ich kann springen im Nu.
>Ich bin sooo groß
>wie du!
>Warum hast du lange Haare,
>warum wird's Frühling alle Jahre,
>warum sind Sterne am Himmel
>und ist weiß der Schimmel ...
>Warum, warum, warum?
>Ich wollt',
>diese schöne Zeit wäre nie um.

Was ist das?

... d er »Beiwagen« eines Motorrades oder gar ein Auto, jedenfalls ein Zweitakter (?).

Auf alle Fälle sind es drei Kinder, die etwas verfroren in die Kamera schauen. Aber ihr wisst ja gar nicht, **wie** stolz die innerlich über das neue und erste Auto ihres Vaters im Jahr 1950 waren – dem Jahr des Wiedersehens mit »Vati« nach dem großen Krieg.

Aus diesem Auto wurde nach kurzer Zeit ein DKW, bei dem man bereits im Innenraum mitfahren konnte, und später dann ein schwarzer Opel, der die stolze Würde seines Fahrers als Steuerberater ausstrahlte.

Damit durften wir in den Ferien über die holprigen Straßen von Oberbayern fahren. Es war ein lustiger Kick im Magen, wenn das Auto über eine Straßenerhöhung, einen »Mugel«, wie wir ihn nannten, hopste. Zuerst geschah das automatisch, doch dann forderten wir das von unserem Vater extra ein: »Bitte stärker hopsen.« Das gelang ihm denn auch und es war der größte Spaß. Kein Wunder, dass ich Autofahren später nur auf kurvigen Bergstraßen, wo es einen unweigerlich bei einer gewissen Geschwindigkeit von rechts nach links »schubste«, liebte. Sonst war es für mich nur ein Mittel zum Zweck.

Wenn Kinder uns Streiche spielen

M anchmal können sie rechte Schlingel sein. Entscheidend ist wohl nur, ob ihre Streiche harmlos oder gefährlich sind.

Einen netten, aber harmlosen Streich ihrer Kinder erzählte mir meine Zahnärztin, als wir auf das Härten des Zahnabdrucks warteten. Sie nimmt manchmal zu Hause zwischen ihrer Arbeit einen Schluck Cola zu sich. Die angebrochene Flasche steht im Kühlschrank. Aber einmal wunderte sie sich über die hellere Farbe der Flüssigkeit, während sie bereits das Kichern hinter sich hörte: Ihre munteren Nachkommen fanden es sehr witzig, dass sie die Cola von Mama mit Wasser verdünnt hatten – eine liebevolle Neckerei, um die Aufmerksamkeit auf sich zu ziehen.

Meine Buben hatten manchmal härtere »Bandagen« bereit, um sich bemerkbar zu machen. Eines Tages meldeten sie sich bei mir ab, um einen Freund zu besuchen. Dieser wohnte am Hügel neben dem Wald. Ich dachte mir nichts dabei, aber als sie halb verschmitzt, halb schuldbewusst heimkehrten, überraschten sie mich mit dem lapidaren Satz: »Unsere Rucksäcke sind die Wand hinuntergefallen.« So, so? Nicht die Wohnung des Freundes, sondern die Wand am Berg in der Nähe war also das Ziel der Unternehmung gewesen. Hätten sie mir nicht den Verlust der Rucksäcke melden müssen, hätte ich keine Ahnung gehabt, dass natürlich auch sie in Gefahr gewesen waren. Klettern war nicht gerade ihr alltäglicher Sport. Was soll eine Mutter dann ihren »Beichtkindern« sagen? Denn im Grunde ist sie heilfroh, dass beide wieder ohne Schrammen zurückgekommen sind. Vor allem aber weiß sie, dass die Unternehmungslust ein nächstes Mal aufkommen wird. Was ist dann dran?

Ein Beispiel dafür ist, als ich von meinem sechzehnjährigen Sohn nachts geweckt wurde. Zuerst war ich erstaunt über die Uhrzeit, dann über seine äußere Erscheinung und dann erst recht über seine Worte: »Was soll ich jetzt machen, ich habe das Auto von Papa ‚benutzt‘ und bin damit mit Christian die Höhenstraße hinaufgefahren, aber in einer Kurve ...« »Was war in der Kurve?« Mein Ton war nun nicht mehr abwartend, sondern bereits schärfer.

»Tja, dort hängt es jetzt im Graben.« Na, eine schöne Bescherung. Noch heikler war, dass das natürlich sofort Papa gemeldet werden musste, ehe die »Aufräumungsarbeiten« geschehen konnten. So kam es dazu, dass ein Sohn sich gegenüber seinem Vater verschuldete. Sehr viel später wurde der Schuldschein dann mit entsprechenden Verwarnungen eingezogen.

Auch hier war es so: Dankbar, dass nichts Ärgeres passiert war, hielten sich die entsetzten Eltern mit größeren Strafen zurück. Aber ich vermute, dass es das ja auch war, worauf die Abenteurer heimlich bauten.

Oder haben sie sich gar nichts dabei gedacht? – Nur eben, dass es eine Hetz ist!

Wer ist hier die Hauptperson?

Wild und frei

Wenn wir heute durch den Biosphärenwald wandern, wo die umgestürzten Bäume ungestört vermodern können und bisweilen seltsame Formen bilden, erinnern wir uns an unsere Zeit der Indianerromantik. Winnetou ist vielen Kindern als das Muster des schönen und guten »Wilden« ans Herz gewachsen. Auf Faschingsfesten tummelten sich kleine Indianer und bei den Pfadfindern durfte man diese Romantik ausleben. Heute sind daraus die »First People« geworden. Ebenso erging es dem Traum von Afrika mit seinen süßen »Neger«-Kindern mit den gekräuselten Haaren, den dicken Lippen und der wunderbaren Schokoladenfarbe. Nicht wenige Mädchen hatten sogar eine weiße und eine schwarze Puppe.

Was wir aber eben in unserem Erwachsenendenken nicht begreifen können, ist die ganze innere Welt, die von diesen Figuren belebt wurde. Dass diese Fantasiewelt trotz unserer aufgeklärten Korrektheit nicht ganz ausgestor-

ben ist, finde ich bei den aus Ästen erbauten Tipis (Indianerzelten) neben der Niederlassung der Pfadfinder in unserem Wald.

Für mich setzte sich die Indianerbegeisterung der Buben später mit einem anderen Volk fort, indem ich »Onkel Toms Hütte« und die Welt der amerikanischen Sklaven entdeckte. Das kindliche Interesse für das Fremdartige ist für

kritische Erwachsene schwer zu verstehen. Hinter all dem liegt die ungebrochene Lust der Kinder am Ursprünglichen, Naturverbundenen, Abenteuerlichen. Ich glaube, dass diese fantasievolle kindliche Entdecker- und
Abenteuerfreude ein unverzichtbarer Vorzug der Kindheit ist, der Kraft für
ganz anders geartete Abenteuer des späteren Lebens gibt.

Wir entwerfen

Fast so groß wie der Tisch war unser Blatt, auf dem wir die Stadt entwarfen. Die Kleine »diktierte« mir, was alles in einer Stadt zu finden sein muss. Sie zeichnete ein paar Striche, ich vervollständigte die Details. Sie wählte die Farben aus und bestimmte, wo etwas zu sein hatte. So wurde »unsere« Stadt ein Gemeinschaftswerk.

Später dann baute sie vieles davon mit Legosteinen. Das war dann die nächste Stufe ihrer Gestaltungsversuche. So werden innere Bilder von Kindern zur Wirklichkeit.

Wir erzählen Geschichten

Die innere Welt eines Kindes ist bevölkert von Figuren, Farben, Tönen, von Bildern, Träumen, und Vorstellungen. Wie bei uns Erwachsenen wird alles Erlebte gespeichert und auf oft sehr individuelle Art »verarbeitet«. Daraus entsteht ein inneres Universum. Wenn Kinder uns durch ihre Mitteilungen oder Zeichnungen daran Anteil nehmen lassen, erfahren wir manchmal Überraschendes, sehr oft Bezauberndes, leider bisweilen auch Berührendes oder Trauriges.

Wir können diese innere Welt aber auch durch selbst erfundene Geschichten eigens anregen, die Kinder durch Erzählen ins Reich der Fantasie »entführen«.

Es war für mich immer besonders schön, mit meinen Enkelinnen auf der Schaukel zu sitzen und mit einem Satz, den jeder fortsetzen musste, eine Geschichte zu »spinnen«. Das geht natürlich auch im Zimmer, aber draußen war es doppelt so erlebnisreich.

Kleine Kinder, aber auch Schulkinder kann man mitreißen, wenn man mit ihnen Theater spielt. Das ist ganz einfach, wenn man eine Szene selbst beginnt oder ein Thema angibt. Das Thema war zum Beispiel Flucht auf eine Insel in Anlehnung an Robinson Crusoe. Ich sprang einfach von einem fiktiven Boot auf ein fiktives Land. In der Schule gab es genügend Kinder für das Spiel. Die eine Gruppe wurde aus Seenot gerettet, indem sie die Insel fand. Dort aber lebten bereits Menschen. Daraus entspannen sich dann Dialoge und Konflikte. Ich brauchte nur manchmal einen Satz »von hinten« einzuwerfen, um das Geschehen in Gang zu halten.

Etwas Ähnliches gelang uns mit dem Zeichnen. Auf dem Boden war ein großes weißes Packpapier ausgebreitet. An den vier Ecken zeichneten vier Kleingruppen ihr gemeinsames Bild. Die Bilder sahen auf den ersten Blick ganz verschieden aus. Dann bat ich sie, über ihre Bilder zu sprechen. Dabei wurde allmählich jede Bildbeschreibung zu einer Geschichte. Nun hatten wir vier Geschichten. Für die fanden wir eine Verbindung, sozusagen eine Rahmengeschichte. Daraus wurde ein Theaterstück, das wir vor vielen aufführen durften. Weil die Dialoge langsam von den Kindern selbst entwickelt worden waren, mussten sie auch nichts auswendig lernen. So wirkte alles sehr natürlich. Diesen Kindern fiel das leichter als anderen, weil sie sich ja selbst zu dieser Theatergruppe gemeldet hatten. Eine solche Fähigkeit »erlernen« aber viele Kinder beim Spielen – allein oder mit Gefährten.

Wie oft wurde ich bei den Kleinen Zeuge eines Spiels »Familie« oder »Lehrerin« oder »Häuptling« (Anführer). Da werden alle Personen lebendig, mit denen das Kind zu tun hat. Es gibt freundliche und unangenehme Typen, je nach dem Umfeld des Kindes. Den Spielen, die so zu Geschichten werden, habe ich bereits ein Kapitel gewidmet.

Dieses gemeinsame Geschichten-Erfinden kann sich auch aus einem Satz in einem Buch oder einer Comicfigur aus dem Fernsehen und so weiter entwickeln. Dem Einfallsreichtum sind keine Grenzen gesetzt.

Wir verwenden, was wir finden

Vor der Tür der Nachbarwohnung werden die Mitbringsel von Leon gesammelt. Auf unseren Spaziergängen treffen wir öfter Kinder, die uns stolz zeigen, was sie gefunden haben: einen knorrigen oder glatten Ast, ein besonderes Blatt, »Pokerln« von den Föhren, ja sogar einen Käfer und so weiter. Eine besonders fleißige Kleine zum Beispiel »fegte« den Weg vor sich mit einem Wedel aus einem Kiefernast mit langen spitzen Nadeln.

Das erinnert mich an die Spiele unserer Kindheit im Freien. Wir brauchten dazu keine teuren Spielsachen. Die konnte sich damals nicht jeder leisten. Wir spielten mit dem, was uns die Natur reichlich und kostenlos anbot. Wir machten Knödel aus Sand oder Erde, dazu »Salat« aus Löwenzahnblättern. Wir kauten Sauerampfer und sammelten Bucheckern. Sie schmeckten gar nicht schlecht. Sogar die hellgrünen Triebe der Nadelbäume, die sogenannten »Tannenwipfel«, probierten wir aus. Daraus machte die Großmutter ja Honig.

Wir liefen um die Wette, spielten Fangen mit dem »ärgerlichen« und doch so großartigen »Leo«-Sicherheitshalt. Das Spiel »Räuber und Gendarm« konnte uns begeistern Wir versteckten uns in den unglaublichsten Winkeln. Eine besondere Aufregung bereitete uns Großvater mit den Stelzen, die nur aus einer Stange und zwei Brettchen als Fußtritten bestanden. Wir sortierten Steine

und formten Gestalten daraus. Die Katze musste als Puppe in den alten hölzernen Puppenwagen. Sie kam jeden Tag und spielte *ihr* Spiel mit mir – hinein in den Wagen, zudecken und »schwupps« in wenigen Sekunden wieder herausspringen – bis zum nächsten Tag. Fast hätte ich unser Spiel für die Schlechtwettertage vergessen: Höhlenzauber. Dazu brauchte es nur den Küchentisch und darüber eine Decke oder ein Leintuch für den gruseligen Geist.

Für die Erweiterung unserer Spielmöglichkeien genügten nur ein Ball, eine Schaukel und ein Buntstift. Vom »Ball an die Wand« mit unzähligen Kunststücken bis zum einfachen »Abschießen«, das man schon zu dritt spielen konnte, und dem aufregenden »Wer fürchtet sich vorm schwarzen Mann?« (müsste heute heißen: »bösen Mann«) mit mehr Kindern gab es unzählige Variationen mit vielfältigen Verrenkungen. Die Schaukel war schlechthin unverzichtbar. Der farbige Stift diente zur Bodenzeichnung für das Tempelhüpfen oder eine Gesichtsbemalung für das Räuber- oder Indianerspiel.

Diese Liebe zu einfachen Materialien bedeutet natürlich nicht, dass es auch wunderbar ist, mit ferngesteuerten Autos, der elektrischen Eisenbahn und teuren Puppen zu spielen. Vor allem kann man den Puppen auch selbst gehäkelte Gewänder verpassen. Mit Lego oder anderen Bausätzen kann man technische Wunderwerke erzeugen. Aber die Kreativität, die durch einfache Spiele mit nur drei Hilfsmitteln entsteht, ist in meinen Augen dafür Voraussetzung.

Wunderblumen

Wenn es uns gelingt,
diese Stimmungen und Bilder
unseres »inneren Kindes«
zu bewahren, gelingt es uns auch,
als Erwachsene glücklicher zu werden.

You are my sunshine

Mit Kindern Steine am Strand zu bemalen, ist eine Tätigkeit, bei der immer wieder Neues und Unerwartetes entsteht. Dieser Stein meiner Enkelin verrät alles, was zwischen Eltern, Kindern und Großeltern an Wunderbarem geschehen kann. Diese unvergessliche Zeit wünsche ich allen, die Kinder lieben.

ZEICHNEN

Von den ersten Strichen bis zu liebevoll ausgearbeiteten Bildern,
teils auf einfachen Zetteln, teils auf
normalem Papier, können wir das Heranwachsen unserer Kinder beobachten. So viel Liebe und Emotionen sind in ihnen zu erkennen! Eine bunte
Mischung der Zeichnungen meiner vier Enkelinnen möge das beweisen.

Teil 2

Gedichte

Diese Blume ist meine Geburtsblume. Mit ihrem erfrischenden Hauch des Schönen bin ich durch das Leben gepilgert. Nun habe ich bereits eine recht weite Strecke zurückgelegt, da entdecke ich das Gedicht der amerikanischen Nobelpreisträgerin Louise Glück: »The Wild Iris«. Sie preist darin unter anderem die Wirksamkeit von Erinnerung:

> »I tell you I could speak again: whatever
> returns from oblivion returns
> to find a voice.«

Das gibt mir den Mut, diese Zeilen zu schreiben.

Das doppelte Bewusstsein

Sie kommen wieder,
die Quälgeister der Nacht,
reißen nieder,
was der Tag vollbracht.
Als mit Denken und Tun
ich erwachte
und das Weh zum Ruh'n
in mir brachte.
Doch ich kann nicht fliehen,
solange es in mir weint.
Ich muss Stellung beziehen,
damit Trauer mit Hoffnung sich eint.
Denn verdrängter Schmerz am Tage,
uneingestandenes Leid
brechen auf mit voller Plage
in bittrer Nächte Zeit.

Der Reim

spielt sein Spiel,
perlt über Bildertreppen,
um das Düstere zu verschleppen,
und führt das Licht ins Ziel.
Schlicht in sanften Klängen
pocht er an mein Ohr,
reißt mich aus verzwickten Zwängen
frisch empor.

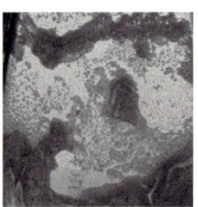

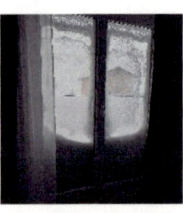

Die Windsbraut

Die Windsbraut jagt über den Tauern,
Lässt uns frieren und erschauern.
Kleidet sich in schweres Wolkentuch
Und startet den Versuch,
Alles zu zerfleddern,
Wolken, Schnee und Mensch zu schreddern,
Bis sie plötzlich sehr ergrimmt,
Dass keiner sie als Freund annimmt.

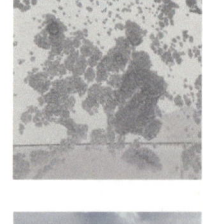

Dann wechselt sie ihr Gehaben,
Bietet an ganz milde Gaben.
Schiebt hinweg das Wolkengrau,
Lockt mit einem kleinen Fleckchen Himmelsblau.
Zerstückelt so die Wolkenflucht
Und tut, als ob sie gar nach Sonne sucht.

Sie erheitert die Gemüter
Aber nur für kurze Frist.
Dann reitet wieder sie den Sturmesbesen
Und es ist,
Als ob alles nur ein Spiel gewesen.

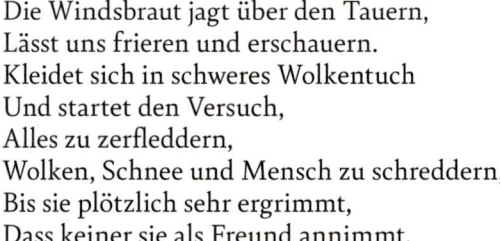

»Eines Tages«

Das waren die einzigen Worte, die ich aus einem hebräischen Lied im Radio verstand. Ich machte mir meinen eigenen »Reim« darauf – meine Utopie:

Eines Tages
werden wir einander verstehen
und nicht mehr wie Fremde
getrennte Wege gehen.

Eines Tages
werden wir einander zuhören
und nicht das Gespräch
mit blinder Wut zerstören.
Eines Tages
werden wir erkennen,
dass wir alle
nach denselben Zielen rennen.

Eines Tages
werden wir einander
nicht mehr Leid antun.
Und dann –
werden alle Waffen ruhen.

Einschlafen

Schwere
und leere
schleppende Zeit,
bist du bereit
für den Schlaf und den Traum?
Nimm sie an ohne Scheu
und der nächste Tag wird neu.

Elegie des Krieges

Sie haben die Ruhe besiegt,
erstochen, erwürgt, erschossen;
sie haben das Lebendige zerstückelt,
verkommen, verfaulen lassen;
sie haben alle Habe vernichtet.
Sie haben jeden Lebenslaut zerstört
und zugleich die Stille vernichtet,
damit niemand die verzweifelte Trauer versteht,
wenn sie in unhörbarem Schluchzen erstickt.
Ärger als das Feuer,
ärger als die Flut,
ärger als ein Orkan,
unbelehrbar in seiner Raserei
wütet der Mensch, der sich selbst verliert!

8. Mai – Gedenken – Ende des Schreckens

Der erste Alarm –
wir laufen zum Luftschutzbunker,
der zweite Alarm –
wir verstecken uns im Keller.
Zum Hören geboren –
Sirenen heulen auf,
wenig später Dröhnen der Bomber,
ich vergesse nie.
Zum Sehen geboren –
Verdunkelung der Umrisse
durch das Gas der Flugabwehr,
ich vergesse nie.
Zum Riechen geboren –
dumpfe Feuchtigkeit der Keller,
Angstschweiß der Schutzsuchenden,
ich vergesse nie.
Zum Fühlen geboren –
Beben der Mauern beim Bombeneinschlag,
hilfloses Zittern meiner Mutter,
ich vergesse nie.
So erlernte ich ANGST.

Sie hat mich niemals wieder verlassen,
auf unzählige Situationen habe ich sie übertragen.
Genau das wird heute Kindern wieder angetan –
WARUM und WOZU?!

Erinnerung

Das Sieb der Zeit,
anfangs feinmaschig,
später weit,
verarbeitet,
was vom Leben bleibt.

Was durch dieses Gitter rinnt,
sich an seinen Maschen reibt,
neue Formen spinnt
und weiterfließt,
das bleibt.

Ob Schmerz,
ob Freude,
es übersteht den Lauf der Zeit
und nur dir gehört,
was bleibt.

Du magst es mögen oder nicht,
damit glücklich sein,
bisweilen leiden,
es ist deines Lebens Gesicht,
es ist allein

Dein!

Fahrt ins Abendlicht
vor dem Vergrauen der Welt

In der Dämmerung Spiel
fahren wir zu zweit,
wissend um das Ziel,
das nicht mehr weit.
Vor uns leuchtender Abendschein,
als führen wir direkt ins Glück hinein,
um uns Schatten und Zwischenlicht,
wo unser Leben sich langsam bricht.
Unentwegt gleiten wir so
unserem letzten Abend zu.
O Herr, schütze uns dann Du!

For You

Hard to perceive
even harder to feel
What you do with yourself
what you do with others
even if they love you!
You want us to respect your freedom
do you also respect ours?
You want us to neglect what you don't want to discuss
Aren't we humans a species
that needs communication as we need food?
Would you like to stop eating
as you demand stopping communication?
Do you really feel better this way?

Gelebte Gegenwart

Alles, was ist,
ist jetzt.
Alles, was dich bewegt,
ist jetzt.
Alles, was dich erregt,
ist jetzt.
Ist es für dich da noch wichtig,
was war,
was gewesen war,
was sein wird,
was gewesen sein wird,
bevor du überhaupt bemerkst,
dass das Jetzt IST,
nicht mehr und nicht weniger?

Gespräch mit einer Blume

In den vergangenen Tagen ging ich
eingesponnen in meine Gedanken
an dir vorüber.
Heute habe ich dich wahrgenommen.

Hast du dich etwa weiter durch die Zaunlücken vorgewagt,
um meinen Blick »ein«zufangen?
Mit deiner sanften, bescheidenen Schönheit
hast du mich aus meinen nutzlosen Grübeleien aufgeweckt.

Du hast mich wieder einmal gelehrt,
dass mir Glück und Lebensfreude
auch mit schlichten Erlebnissen
geschenkt werden.

Ich brauche sie nicht zu erjagen,
sondern nur meine Augen und mein Herz offen zu halten.

Heimat

Vertrauter Blick aufs Land –
Hügel auf und Hügel ab
gelbe, grüne, braune Streifen,
ein Kirchturm da, ein Kirchturm dort,
Felder ohne Ende,
kurvenreich und wendig eine Straße zwischendurch
und manches Wäldchen hinterm Ort.
Segne dieses Land,
lass die Weite reifen,
gib den Menschen du die Hand
und lass sie gegen alle Zweifel
nach den Sternen greifen!

Himmelsgespinste

Wolken wie feinste Seidenfäden, wie weiche Wollballen, wie verschüttete Milch,
wie Vanilleeis oder Schlagobers, Wolken wie weißer Badeschaum oder sprühender
Gischt von Meereswogen, Wolken ... Kunstwerke der Schöpfung ...
Von überschäumendem Weiß
bis zu dunkelgrauer Drohgebärde
wirbeln, schweben, segeln, rasen, ziehen sie über uns dahin.
Verschwistert mit Wind und Sturm
verzaubern oder attackieren sie uns,
ziehen wunderliche Muster
ins endlos erscheinende Firmament,
blühen auf zu vielgestaltigen
stets sich wandelnden Wunderformen,
bis sie im unendlichen Blau vergehen
oder sich verwirbeln, verdichten,
zusammenballen,
um endlich Tröpfchen gesättigt
sich zu entladen, auszurinnen, zu versickern,
zu versprühen.
Ebenso spielen sie mit dem Licht,
aufglühend im Morgenpurpur,
sonnenbetäubt verebbend im Abendrot,
schicksalsschwer düster bei Regenwetter.
Zart, gewaltig, überwältigend, mitreißend
beeinflussen sie unser Leben,
gaukeln uns Luftwesen und Geschichten vor,
verlocken uns abzuheben
von unserer Erdgebundenheit.
Mit ihnen zu fliehen in Traum und Illusion,
mit ihnen auszureißen
aus den Kümmernissen der Tiefe,
nie begangene Wege zu erproben
bis hinein ins Zauberreich
unbefangener Schönheit
und begeisterter Erfüllung.
DIE wundersame Versuchung,
von den Verstrickungen im Leben
abzuheben!

For Y.

(Please remember the picture you made as a child)

I have a dream
but it has almost died
in the hardship of life.
But still
it turns up as a tiny promise
that it will never leave me completely.
Some ideas are too pressing for me
to push them aside,
they are too magical to negate
or even to kill them.
So I want to release my dream
rushing in the air like a bird
finding happiness in the unknown and infinite.

Immer wieder ...

steht das Korn hoch
unter sengender Sommerhitze
und am Rande leuchtet es blau,
weiß und rot.
steigt das Jahr
von kahlen Anfängen
zu verschwenderischem Blühen,
zu gedeihlichem Wachsen.
ächzt es in der Gluthitze des Sommers,
bis die Ernte im September
ihm einen neuen Höhepunkt leiht,
ehe es dahinsiecht in Winterstarre.
lehrt dieser Kreislauf
von Fülle und Entbehren
uns Sinn und Beständigkeit,
sichert unser Leben.

Jahreswechsel

Das alte Jahr dämmert müde dahin.
Das neue fragt prüfend nach Sinn
Und hämmert uns unentwegt ein,
Ein Mensch unter Menschen zu sein.

Uns neu zu erfinden,
Das Heute neu zu ergründen,
Zum Leben bereit,
Nicht zu fliehen aus drängender Zeit.

Mit ihr zu leiden,
Mit ihr sich bescheiden
Und hoffen auf eine gnädige Wende,
Alles mittragen bis zum besseren Ende.

Juni

Wachsendes Jahr,
das Korn steht hoch,
wachsende Zeit
und ich liebe es doch,
das wachsende Leben
immer noch.

Wieder wiegen sich Wiesen im Wind,
summen und schäumen,
wieder wagen sich Träume hervor,
schweben mit mir zum Himmelstor.

Kinder-Ich

Ich bin dein Schatzkästchen,
ich wache darüber,
dass du dein Lachen behältst, deine Neugier, deine Menschenliebe,
deine Wissbegier, deinen Unternehmungsgeist, deine Kreativität.

Ich bin deine Lebensfreude,
deine Zuversicht,
der Platz auf der Welt,
wo du immer zu Hause bist.

Ich bin die Mitte deiner Seele,
der Ort für Tiefe und Geheimnis.
Ich bin das Feuer und die Kühle,
das Toben und die Stille,
die Begeisterung und die klare Überlegung.

Ohne Einschränkung bin ich,
wer ich bin und wie ich bin.
Denn ich liebe das Leben
in diesem großartigen Kosmos.

Krieg in der Ukraine

Glut aus dem Osten,
Menschenopfer für Machtgier,
Lüge, Prinzipienreiterei.
    Rote Sonne der Vernichtung,
    Kahle Äste der Hoffnung,
    Verzweifelte Herzen.
        Hilfeschreie an Hilflose
        Und Meinungsschwache,
        Wissend in den letzten Kampf.
            Fratze unerledigter Geschichte,
            Fauler Fantasien,
            Gemeiner Willkür.
                Blindes Antlitz des Menschen,
                Stummer Mund der Vergangenheit,
                Erbarmungslose Zukunft.

Manchmal

Manchmal
spaltet ein Kondensstreifen das Himmelsblau,
bohrt sich in die Unendlichkeit hinein
mit unglaublicher Intensität,
wie ein Schwert
die Einheit in Stücke reißend.

Manchmal
spaltet unheilbarer Schmerz
die Sicherheit unserer Seele
mit gnadenloser Wucht,
wie eine Klinge
unser Dasein zerbrechend.

Ratlos sehen wir zu,
begreifen viel zu spät das Ausmaß der Bedrohung,
lassen uns überrennen,
niederwerfen von unberechenbarer Trauer,
fast vernichten.

Ehe uns Rat kommt aus der Ferne,
wenn der Kondensstreifen am Himmel
allmählich
zerfließt
ins
N i c h t s.

Melancholie im Oktober

Herbst ist es geworden,
Nebel ziehen ein,
Vorbei des Frühlings Lust,
Des Sommers warmer Schein.
Ein Reifen legt sich um die Brust,
Nebel ziehen ein.

Noch spielt der Südwind mit dem Norden,
Zu Mittag hellt sich auf die Welt,
Licht und Farbe werden aufgedeckt,
Sonne hat uns aus dem Trübsinn auferweckt.

Doch ziehen Nebel ein
Auch am nächsten Morgen.
Wie lange kann der Sonne Kraft
Uns Leichtigkeit noch borgen?

Notwendig wird es nun,
Es der Sonne gleich zu tun,
Suchen unser inneres Licht,
Damit die Macht der Nebel bricht.

Müde gleite ich in eine **Zwischenwelt,**
die den Tag zur Nacht
in Schwebe hält;
verstummen,
verebben,
versinken
in die Stille hinein;
aufhören zu denken,
einfach nur s e i n.

My Shell

I have made a shell
around my heart
so that it will survive
all the inconsistencies of life.

       I have discovered a well
       deep down at the bottom
       of my hardship
       that keeps me sound and sane.

So I can feel
that nothing was in vain
and still –
love life!

Ohnmacht

Sie flirren über den Bildschirm,
Bilder vom Krieg.
Sie schwirren durch meine Gedanken,
Verluste und Sorgen.
Sie irren durch die Welt,
Kinder mit ängstlichen Augen.

Zu laut ist es geworden.
Sie konnten die Stille morden.
Reißen auf aus alten Tagen
unsagbares Leid,
breiten aus
verzehrenden Streit.

Schwere Entscheidung

Sonnenflecken auf dem Asphalt
oder platte Steine durchsetzt mit Teer –
was ist wahr?

Die Frage,
ob falsch, ob richtig,
ob gut, ob böse,
dem Wesen treu oder entstellt –
ist zwar wichtig –

Aber nur einer ist's,
der das Urteil fällt,
und zwar du
nach deinem Verständnis der Welt!

Schwermut

Ein Teppich von Blättern und Blüten,
seit einer Woche ist der Waldboden
so schön wie jeden Frühling,
ein Blühen, Sprießen und Aufbrechen
wie in vielen Jahren vorher,
ein unvergleichlicher Frühling,
unsere Jahreszeit zum Aufleben,
zum Erneuern,
zum Wiedergeborenwerden.

Und doch –
alles ist anders,
ist nur wie eine kleine Aufhellung,
wie ein kurzer Atemzug
nach einer erdrückenden Einengung,
ist nur wie die Wiederholung
vieler bekannter Bilder und Düfte,
ist nur ein müdes Wiedererkennen.

Aller Schwung ist weg,
die Freude auf sehr kleiner Flamme,
alle Sehnsucht versickert unter der Oberfläche,
die Begeisterung erlahmt,
etwas hat sich ins Grau(en) gewandelt,
verblichen wie altes Gewebe.

Aber heute strich mir der Frühlingswind ums Gesicht,
kühlte meine innere Erhitzung,
machte mich aufmerksam,
wie leuchtend das helle Grün der Bäume ist,
wie lind es im Wald ist,
wie fern von aller Schwere.
Vielleicht wird doch alles wieder gut!

Sommeranfang

Anmutig und gewandt
bewegen Gräser sich im Wind,
fließen wie Wogen über die Wiese hinweg.

Nur hie und da ist ein Halm unter ihnen,
der seine Wichtigkeit zeigt,
sich nicht im Wehen beugt.

Stolz beweist er
den Blumen im Grün,
dass kein Schutz ohne ihn.

Sie lächeln ein wenig,
kennen ja ihren König
und bringen zum Dank
Farbe in seine Welt.

Und die ist so schön,
dass der sanfte Sommerwind
wird verwehn,
was meine Schmerzen sind.

Spiegelbild

Was könnte schöner zeigen
als dies Spiegelbild
wie ZWEI sich zu einander neigen
und am Ende EINES sind.

Tanz der Worte

Tanz der Gedanken
in unzähligen Schlingen
im Schwingen – im Schweben – im Kreis
sind deiner schlaflosen Nächte Preis.
Kleine fliegende Röckchen
wehendes Haar
Worte im Wind
die wie Tränen sind
und verbergende Träume
hoffen auf das erlösende Wort
nach dem Tanz
nach dem Mummenschanz.

TRÄUMEREI

Unser Wolkenschiff

So manches weiße Wolkenschiff
segelt durch Azur,
zerschellt an keinem Riff,
verweht im Winde nur.

Jeder leiht ihm seine Fracht,
ob Schmerz, ob Freude,
denn beide
trägt die Himmelsjacht.

Erleichtert unser Leben,
lockert unsres Schicksals Griff
und kann uns Hoffnung geben,
zu überstehen jedes Riff.

Vergänglichkeit

Wie Seifenblasen zerplatzen die Minuten im Leeren,
rinnen regenbogenförmig ab am Rande der Zeit.
Wie Seifenblasen wirbeln die Tage über den Teppich des Lebens
mit unsicherem Ausgang und doch tänzelnder Freude
über alle Unebenheiten hinweg.

Aus Kinderliedern
werden Totenlieder,
aus dem ersten Lächeln
ein nie mehr schwindender Schmerz.

Aber ich will nicht, dass du trauerst, mein Herz.
Ich will dir das Schweben erhalten,
ich will nach all diesen Jahren
dir das Lichte, das Leichte, das Lächeln bewahren.

Wortsalat

Ein Stern mit vielen Armen
braucht dein Erbarmen,
ein Netz aus vielen Stricken
braucht deine Tücken.

Wenn du träumst und tust,
wenn du spielst und denkst,
dich aufbäumst oder ruhst,
alles fühlst und lenkst,
Unbegreifliches sagst,
Unerfreuliches wagst,
wird dein Tun zum Glücken,
dein Misslingen zum Denken,
das Denken zum Beweisen,
zum Schwanken, zum Zanken,
zum ins Ungewisse Reisen.

Schlingernde Worte,
sich verschlingende Worte,
die durch unsre Sprache wandern,
beglücken den einen,
jagen den andern,

sodass ein jeder
in taumelnder Wucht
immer neu
nach Verstehen und Ausweg sucht!

Nachwort

**In die Mulde meiner Stummheit
leg ein Wort
und zieh Wälder groß zu beiden Seiten,
dass mein Mund
ganz im Schatten liegt.**

(Aus Ingeborg Bachmann: Die gestundete Zeit)

In dem Zitat ist die Absicht meines Schreibens wunderbar ins Bild gebracht. Jeder Tag beginnt für mich mit einem Gedanken, der aus der Morgenstille kommt. Manchmal ist dieser so persönlich, dass ich ihn für mich behalte, um mich oder andere nicht zu kompromittieren. Oft aber ist er wie ein kleines Licht, von dem ich glaube, dass es auch die Gedanken meiner Mitmenschen beleben und erhellen kann. An solchen Bildern und Überlegungen möchte ich meine Leser teilhaben lassen. Vielleicht sind sie wie ein kleines Streichholz, das ihr eigenes Wahrnehmen, Denken und Fühlen in Bewegung setzt.

In diesem Sinne wünsche ich euch Freude beim Lesen!